Para líderes que quieren lo mejor para sus jóvenes

LECCIONES
Bíblicas Creativas

Material de enseñanza
contemporáneo
✓ y fácil de adaptar

Para grupos juveniles, reuniones
de jóvenes, grupos en casa
✓ y clases de Escuela Dominical

Chap Clark

Romanos: ¡Fe al rojo vivo!

*La misión de Editorial Vida es ser la compañía líder en comunicación cristiana que satisfaga las necesida-
des de las personas, con recursos cuyo contenido glorifique a Jesucristo y promueva principios bíblicos.*

LECCIONES BÍBLICAS CREATIVAS – ROMANOS ¡FE AL ROJO VIVO!
Edición en español publicada por
Editorial Vida – 2001
Miami, Florida

©2001 por Youth Specialties

Originally published in the USA under the title:
Creative Bible Lessons in Romans: Faith on Fire!
Copyright © 1996 by Youth Specialties
Published by permission of Zondervan, Grand Rapids, Michigan

Traducción: *Elizabeth Morris*
Edición: *Haroldo Mazariegos*
Diseño interior: *A&W Publishing Electronic Services, Inc.*
Diseño de cubierta: *Jacob Hernández*

ISBN: 978-0-8297-2887-3

CATEGORÍA: Educación cristiana / Jóvenes

IMPRESO EN ESTADOS UNIDOS DE AMÉRICA
PRINTED IN THE UNITED STATES OF AMERICA

09 10 11 12 ❖ 6 5 4 3

RECONOCIMIENTOS

▼▼▼▼▼▼▼▼▼▼▼▼▼▼▼▼▼▼▼▼▼▼▼▼▼▼▼▼▼

Agradezco mucho a mi familia, Dee, Chap, Rob y Katie, por darme tantas y tantas horas (de lo que pudo haber sido momentos con la familia) para leer, estudiar, pensar, escribir y mecanografiar.

Especialidades Juveniles, es una familia que siempre me apoya en mis debilidades y me fortalece en mis puntos fuertes, estoy orgulloso de mi sociedad con ustedes.

El equipo de *Youth Specialties National Resource Seminar Team* [Equipo de recursos nacional del Seminario de Youth Specialties] Mike, Tic, Duffy, Laurie, Doug, Marv, Ray, Ridge y Helen, es el grupo más diligente, fiel, creativo y dotado que nunca antes conocí. Este libro es tanto de ustedes como mío.

A mi amigo y editor, Noel Becchetti, le expreso mi mayor agradecimiento por su ayuda para completar este proyecto.

PRESENTACIÓN

El mensaje del evangelio es siempre el mismo. Sin embargo, la manera de comunicarlo tiene que adaptarse a los distintos idiomas, culturas y edades. Jesús nos enseñó a comunicar la verdad del Padre de maneras creativas que fueran eficaces para un tiempo preciso.

El Maestro de maestros usó historias de acuerdo el contexto de su época, elementos objetivos que ilustrarán principios, imágenes vívidas que quedarán grabadas en los recuerdos de sus seguidores y demás recursos de enseñanza para que sus discípulos entendieran lo que tenía que enseñarles. Aun dando la misma lección, Jesús varió sus métodos una y otra vez para hacerla siempre fresca, atrayente y clara para sus oidores.

Especialidades Juveniles y Editorial Vida se unen para traerte este material que te ayudará a impartir las distintas verdades de la Palabra de Dios de manera creativa y adecuada.

Sabemos que la tarea del maestro y líder de jóvenes y adolescentes requiere mucho esfuerzo y dedicación. Esta generación necesita encontrar la Palabra de Dios relevante, emocionante y llena de respuestas para sus interrogantes. Somos nosotros, los que participamos en el ministerio juvenil, los encargados de presentárselas con inteligencia y fe sabiendo de la eterna riqueza que encierran las páginas del libro de Dios.

Cada lección viene cargada de ideas y sugerencias divertidas para hacerla más interesante y atractiva para tus jóvenes. Juegos, rompehielos, preguntas de participación, actuaciones e ideas con música y vídeos son algunos de los medios que encontrarás junto a cada lección.

Los objetivos se expresan con claridad y también el orden a seguir. Sin duda, te hará falta esforzarte por conseguir los materiales y preparar cada lección con esmero, pero te prometemos que tus jóvenes te agradecerán que uses las Lecciones Bíblicas Creativas: Romanos.

Cada vez que veas libros con el sello de Especialidades Juveniles, no dudes en incorporarlos a tu biblioteca de ministerio juvenil. Son herramientas que te darán una ayuda vital en tu trabajo con jóvenes y adolescentes.

LUCAS LEYS
Director Internacional de Especialidades Juveniles
www.especialidadesjuveniles.com

CONTENIDO

De qué trata *Lecciones bíblicas creativas sobre Romanos: ¡Fe al rojo vivo!* y cómo usarlas

Una de las tendencias culturales que dan mucho que pensar en la última década entre los jóvenes de las iglesias es la disminución de los conocimientos bíblicos. Los pastores y directores de jóvenes, igual que los líderes de la iglesia en general, notan no solo un aumento en el analfabetismo bíblico, sino también falta de interés en el estudio de la Biblia.

Aquí está la conclusión de una reacción en cadena: con tal apatía para el estudio y la lectura de la Biblia, habrá muy poca comprensión de la verdad de la dádiva de Cristo para nosotros. Y la falta de comprensión suprime el incentivo de profundizar en las Escrituras para ver qué hay allí. De la misma forma que cada junio llega y se va, otro grupo de estudiantes se gradúa con menos y menos aprecio y comprensión de la Biblia que los que se graduaron anteriormente.

Agregue a esto la difícil tarea del educador cristiano —el maestro de Escuela Dominical, el pastor o ministro de jóvenes, el director de educación cristiana o el director de educación religiosa. Su trabajo es enseñar a un grupo de jóvenes que a menudo tiene poco interés en lo que se está enseñando. Usted debe saber lo que ellos necesitan, además debe saber que, una vez que se sientan atraídos hacia la Biblia, verán qué relevante es realmente la Palabra de Dios. Pero motivarlos es una tarea difícil.

¡Lecciones bíblicas creativas al rescate!

Este libro de doce lecciones creativas, claras y fáciles de usar hacen dos cosas. Primero, llevan a todos los estudiantes al texto de la Biblia. Esto parece básico y obvio, pero sin embargo, es difícil: en cada lección se leen en voz alta las palabras del pasaje, aunque de forma diferente y única.

Segundo, las hojas de trabajo para cada lección lleva a los estudiantes a una investigación de los temas más importantes del libro de Romanos.

¿La meta? Dejar que las Escrituras den la enseñanza, sin embargo, se presenta de una forma que la tarea es más fácil.

¿Por qué Romanos?

Además de los Evangelios, es posible que las cartas de San Pablo a la iglesia en Roma sean los documentos teológicos más importantes del Nuevo Testamento. En su carta a los romanos, Pablo se esmera para establecer una declaración detallada y específica describiendo lo que luego se conoció como cristianismo. Los cristianos, tanto adolescentes como adultos, deben estar por lo menos familiarizados con esta carta tan compleja, cualquiera que sea su denominación o tradición de fe. Ya que en Romanos es que el apóstol describe y defiende verdades fundamentales del Nuevo Testamento como por ejemplo: La relación entre la nueva fe con el judaísmo tradicional, la unidad esencial del pueblo de Dios, la justificación por fe y el papel de la ley mosaica.

Cómo usar las *Lecciones bíblicas creativas sobre Romanos*

Sería ridículo tratar de reducir la complejidad de los argumentos, contexto y matices técnicos de las cartas a un currículo para el uso de los grupos de jóvenes. Así que este estudio no es una explicación ni siquiera un repaso minucioso de Romanos, sino solo una introducción a doce asuntos generales, que llamamos «grandes ideas», en estas cartas paulinas.

Aquí en *Lecciones bíblicas creativas sobre Romanos* se encuentran doce lecciones independientes. Cualquiera que desee dedicarle un tiempo, unos días antes de cada reunión, puede facilitar las sesiones; cada semana una persona diferente puede dirigir la lección, lo que significa que usted puede pasar este libro entre los voluntarios y dejar que cada uno escoja una de las sesiones. (Solo asegúrese de que cada uno lo tenga en sus manos más tiempo que unas cuantas horas antes de la reunión, porque algunas lecciones requieren un pequeño proyecto que debe completarse con anticipación.) Usted encontrará estas lecciones muy claras, fáciles para una simple presentación.

Desde luego, estas lecciones están a su disposición para modificarlas como lo considere conveniente (o como quiera que su doctrina o junta de la iglesia las vea). No están hechas de concreto. Considérelas como herramientas para presentar el libro de los Romanos a los muchachos de forma creativa y completa. La sesión tres, por ejemplo, tiene un original para hacer una diapositiva con la letra de la canción *Miracle of Mercy* [Milagro de misericordia] por Steven Curtis Chapman. ¿No le gusta esa canción? ¿No le gusta Chapman? Si conoce una canción que le guste más y que lleve mejor la idea a los jóvenes, úsela. Usted conoce el gusto y las preferencias del grupo mejor que yo. Escoja los vídeos, las canciones, las oraciones que den mejor resultado con el grupo de jóvenes, considere las actividades en este libro como sugerencias (desde luego, estas dan buenos resultados con los adolescentes que yo conozco).

Lo que importa es esto: que los estudiantes profundicen en la Palabra de Dios. Cada lección tiene varios elementos:

La epístola en solo doce oraciones

La **Gran Idea** es lo que usted quiere que los muchachos se lleven, aunque esto sea lo único que se lleven. Cada una de estas lecciones tratan más de un asunto, pero la mayoría de los elementos de la lección señala la Gran Idea.

Estas secciones también ofrecen continuidad de una lección a otra. Parte de cada lección es para exhibir, se puede colgar o pegar en la pared, pizarra, tablilla de anuncios, o lo que sea. Así, cada semana consecutiva usted agregará algo a la creciente lista de la Gran Idea. De esa forma, le será fácil guiar a su grupo revisando las de todas las lecciones que enseñó hasta aquí. A medida que pasen las semanas y la lista siga creciendo, la muy visible Gran Idea tiene la oportunidad de filtrarse.

En la página 115, hay una hoja para repartir con las doce «grandes ideas» que usted puede fotocopiar y distribuir entre los estudiantes cuando lo desee, ya sea como un vistazo de lo que viene, o como un resumen de lo que hicieron juntos.

Rápido, tenga preparada la cámara de vídeo

La columna de **materiales necesarios** enumera lo que necesita para sacar cada una de las lecciones. Algunas cosas siempre las necesitará: Biblias, plumas o lápices, copias de la hoja de trabajo de cada lección y tarjetas con versículos para memorizar. Otros materiales son específicos para cada lección, un vídeo simple que necesitará grabar, una diapositiva que tendrá que sacar del original de este libro, un CD o casete de una canción en particular, etc.

Teología judaica helenística del primer siglo, en forma comprensible

Este es un resumen y *solamente* un resumen. Cuando usted abre la carta a los Romanos, está hablando de diversidad teológica, en grande. Por consecuencia, este currículo trata los aspectos en Romanos que están ampliamente aceptados. Sin embargo, siéntase libre para formar la lección con su interpretación (o la interpretación de su iglesia o denominación), sin pensar que tiene que aceptar toda la síntesis de mi libro. Ajuste, reemplace, agregue, borre, cualquier cosa, usted sabe qué clase de material resulta con su grupo. Repase algunas de estas lecciones (o partes de lecciones) con su pastor, o un anciano, para analizar sus puntos de vista sobre los asuntos clave de la tradición de su fe que cubre este currículo.

Lo siento, pero no lo puede preparar en el carro camino a la iglesia

Antes de la reunión organice lo que necesita antes que los estudiantes lleguen al salón. Deben estar los materiales necesarios: las copias de hojas de trabajo para fotocopiar, tal vez estudiantes que preparar para facilitar el intercambio de ideas de grupos pequeños y la preparación de un vídeo para que no hayan distracciones o ajustes de última hora durante la reunión.

Algunas de estas tareas antes de la reunión requieren que se prepare por varios días. Esas son las malas noticias (si planear es una mala noticia), las buenas noticias son que al adelantar el trabajo, se hará más fácil dirigir la lección y obtener buenos resultados.

Una de las cosas principales es preparar por adelantado las diferentes creativas de la lectura semanal de las Escrituras. A veces usted graba en vídeo a un estudiante leyendo frente o dentro de una sinagoga (como en la sesión tres), otras veces enfoca su cámara a una figura bien conocida de la comunidad que lee un capítulo (sesión nueve).

¡Ya acabamos con la logística! Ahora viene el aspecto teológico de la preparación: no enseñe un pasaje, en especial en Romanos, sin antes leerlo cuidadosamente. Entonces, como ya conoce a los estudiantes, le será posible anticipar los puntos que los atraerá y que podrá explorar con ellos.

Buenas tardes, muchachos... siento que llegué tarde... ahora, ¿dónde están mis notas?...

La **apertura** (compuesta de juegos, vídeos, canciones, etc. que varían de acuerdo a la lección) debe motivar entusiasmo, edificar sentido de comunidad e interés en la lección.

Dos cosas vitales que debe recordar al comenzar estas lecciones (o realmente *cualquier* reunión):

- Las reuniones comienzan cuando aparece el primer estudiante, y no cuando comiencen las actividades de apertura. Así que tenga todo preparado antes, para que pueda saludar y hablar con los estudiantes a medida que lleguen y

- Comience sus aperturas con denuedo, no dando tumbos. ¿Planea comenzar con un juego de bingo? Sepa dónde están las tarjetas para que pueda repartirlas rápidamente, mejor aún, colóquelas antes de comenzar la reunión. ¿Planea comenzar con un vídeo corto? Ajuste la imagen y sonido *antes* que llegue el primer estudiante.

En resumen, la apertura le explica a los estudiantes si la lección estará bien preparada, organizada, si es creativa y entretenida.

Una Biblia que se estudia no tiene polvo

El ideal detrás de los componentes en las **Escrituras** es que cada estudiante haya leído e interactuado con Romanos cuando se termine la serie.

La *lectura* del pasaje se hace de forma diferente y se espera que sea intrigante en cada lección. Si no le gusta mi sugerencia, no importa, con tal que de cualquier forma se lea la Biblia de manera que conquiste la atención de los estudiantes, hágalos partícipes al seguir el texto, y no fuerce ninguno a leerlo, si por alguna razón no quiere hacerlo.

La *interacción* con los pasajes toma la forma de estudios bíblicos para repartir. (En la página 6 hay una lista de ellos, con el número de página y el pasaje de la Escritura que cada uno explora.) Es mejor usar estos estudios bíblicos de una página en grupos pequeños con líderes ayudantes competentes. Asegúrese de entregar a sus ayudantes, al principio de la semana, copias de estas hojas de trabajo de estudios bíblicos y la hoja correspondiente de la guía del líder (véase abajo) para que los líderes estén completamente preparados para guiar a los estudiantes a explorar el pasaje.

A propósito, cuando digo ayudantes *competentes*, es esto lo que quiero decir: ayudantes que por lo menos tengan alguna destreza para formular preguntas estimulantes, que estén familiarizados con la lección semanal (especialmente con los pasajes bíblicos de la lección) y que sepan y puedan explicar la posición de su iglesia o denominación en asuntos relacionados con Romanos.

El amigo voluntario

La **Guía del Líder** de cada hoja de trabajo del estudio bíblico, explica qué hay detrás de las preguntas y sugiere respuestas posibles.

El comentario que seguí al escribir la guía del líder es de John Stott *Romans: God's Good News for the World* [Romanos: Las buenas noticias de Dios para el mundo] InterVarsity Press, 1994, un comentario pastoral fácil de leer, suficiente para satisfacer a los eruditos y sin embargo, claro para el maestro laico. En esta guía verá frecuentes referencias al libro de Stott (además de números de páginas para su ambicioso líder de grupos pequeños).

Ahora, ahora

Cada lección comienza con Gran Idea, y de esa misma manera cada una termina con la **Aplicación**, la cual convierte esta idea en hechos, esto es para que los muchachos pueden contestar prácticamente a la verdad que se explora en el estudio. Para la mayoría de las lecciones se provee una segunda hoja de trabajo (el estudio bíblico para repartir es la primera), una actividad sin límites que hace reflexionar y que rápidamente se convierte en algo personal. (En la página 6 hay una lista de estos, con su número de página y el pasaje bíblico al cual se está relacionando.)

Opciones en abundancia

Encontrará varias opciones salpicadas a través de las lecciones:

■ **Pistas para el líder:** Sugerencias para usted (o su líder voluntario), que pueden mejorar o completar una sesión.

■ **Para los más jóvenes:** Para niños mayores del nivel elemental o los más pequeños de la edad de secundaria (desde luego, estos cambian de grupo a grupo) o para un grupo de estudiantes que en especial necesitan más actividades manuales. Saque una de estas opciones cuando los estudiantes necesiten un empujón extra.

■ **Actividades opcionales:** Opciones para jóvenes intelectuales o espiritualmente maduros que desean profundizar. Por lo general estas opciones son proyectos que los estudiantes realizan fuera de la reunión.

Espero que *Lecciones bíblicas creativas sobre Romanos* le ayude a impartir las verdades bíblicas de manera que marque una diferencia en la vida de sus muchachos, y que además, de alguna forma sus estudiantes (¡y usted!) puedan tener un buen tiempo en este proceso.

SESIÓN UNO

LA GRAN IDEA
Dios obra en nuestras vidas para que le seamos agradables y útiles.

MATERIALES NECESARIOS

- ■ Cuatro personas que no sean miembros del grupo de jóvenes, una venda para cubrir los ojos y media docena de premios cómicos (véase antes de la reunión, en esta página, el punto 3)
- ■ Copias de Clave de la autoconfianza (p. 19)
- ■ Televisión, Videocasetera y el vídeo *Zelig* (1983, PG)
- ■ Papel, pizarra blanca y marcadores (opcional, véase Para los más jóvenes, p. 17)
- ■ Copias de Si yo le escribiera a los romanos (p. 21)
- ■ La gran idea de esta sesión escrita en una pizarra blanca, cartel, etc.
- ■ Biblias y lápices (o plumas) para todos los estudiantes y adultos
- ■ Tarjetas con el versículo bíblico para memorizar (p. 116)

Resumen

En este pasaje Pablo nos da una visión de su propósito, compromiso y llamado. También establece el escenario del resto del libro de los Romanos ya que los dos temas principales de Pablo están contenidos en esta carta: «La integridad del evangelio encomendada a él y la solidaridad de los judíos y gentiles en la comunidad mesiánica» (Stott, *Romanos*, p. 36).

La gran idea de la lección es que Dios obra en nuestras vidas para que le seamos agradables y útiles. La confianza que tiene Pablo en saber que personalmente tiene algo único que ofrecer a los romanos es inconmovible. Sin embargo, se llama esclavo (versículo 1, del griego *doulos*), y reconoce que recibe aliento de otros. La gran confianza de Pablo en que Dios lo guía, y su respuesta al llamado del Señor, es un ejemplo para nuestros estudiantes. Su aplicación, por lo tanto, es que reconozcamos que Dios obra en nuestras vidas, que lo que somos lo complace y que podemos serle útiles.

Antes de la reunión

1. Vea el vídeo *Zelig* para determinar si es apropiado para su grupo. En el contador digital de la videocasetera, este segmento abarca desde el minuto 10:45 al 13:30. Esta es la escena en la cual entrevistan a Zelig acerca de su «problema» y él contesta: «Solo quiero que me aprecien». Para preparar este, póngalo en 00:00 donde aparece el primer crédito. Después páselo rápido hasta llegar a 10:45. Ajuste el lugar del vídeo y el sonido antes que lleguen los estudiantes.

2. Una semana antes de la lección tenga lista la hoja de trabajo **Clave de la autoconfianza** (p. 19) y su **Guía del líder** (p. 20) para los líderes de su grupo pequeño.

PISTAS

Use algunos minutos de su introducción para hablar acerca de la conversión de Pablo y su importancia en la historia de la iglesia. A Pablo, se le menciona primero como Saulo en Hechos 8:1, mientras aprobaba que Esteban fuera apedreado; y en Hechos 8:3, cuando comienza a perseguir a la iglesia. Su historia aparece de nuevo en Hechos 9, cuando se encuentra con Jesús en el camino a Damasco y se convierte en un creyente. En Hechos 13 se le envió en su primer viaje misionero al mundo de los gentiles (todos aquellos que no eran judíos). Este fue el comienzo del liderazgo de Pablo y su obra entre la gente del Imperio Romano. (A propósito, Hechos 13:9 describe el cambio de nombre de Saulo por Pablo.)

▼▼▼▼▼▼▼

3. Escriba **la gran idea** de esta sesión en una pizarra, tablilla de anuncios, cartel, diapositiva, o en cualquier cosa que llame la atención de los estudiantes durante la sesión de clases. Después de la reunión sería ideal agregar *la gran idea* a la lista acumulativa que debe estar en la parte del salón (una pared vacía), asignada para este fin para que los estudiantes tengan presente lo que estudiaron en Romanos. Si no tiene espacio en la pared, use el modelo de la página 115 para hacer la diapositiva y proyectarla durante el resumen al principio de cada sesión. Solo presente las grandes ideas que estudiaron hasta el momento.

4. Nombre cuatro personas que no sean miembros del grupo de jóvenes para que encabecen el juego de **Apertura** «Adivina de quién es la cabeza». Por ejemplo, nombre al pastor, un graduado de su grupo, un padre y un maestro (véase abajo).

5. Nombre tres estudiantes que lean los siguientes pasajes de Romanos 1:1-7; 1:8-13 y 1:14-17. Puede darles un par de días para que practiquen sus pasajes.

Apertura (15 minutos)

Desarrollo del juego: «Adivina de quién es la cabeza.» Este juego es así: Entre los estudiantes, pida a cuatro voluntarios que salgan del salón para vendarles los ojos.

Mientras que los estudiantes están fuera, cuatro personas se sentarán al frente. Los voluntarios entrarán con los ojos vendados, de uno en uno, y usted les explicará que deben tocar las cabezas de las personas que están sentadas y adivinar quién es. Para esto les puede dar quince segundos.

El ganador será el que adivine la mayor cantidad posible de cabezas. Prepare premios cómicos para el ganador y el perdedor.

Escritura (25 minutos)

Haga un breve resumen del contexto y propósito de Romanos, y diga algo semejante a esto:

> **Vamos a comenzar a estudiar un libro de la Biblia. Aunque lo llamamos libro es realmente una carta de Pablo, uno de los líderes más influyentes en la iglesia primitiva.**
> **Pablo no solo escribe sobre las inquietudes de aquellos seguidores de Cristo en Roma y sus alrededores, sino que también ofrece una descripción dinámica de lo que significa ser cristiano. En este estudio vamos a conocer a Pablo, pero también vamos a conocer a Jesús que es mucho más importante, y entender qué dice la Biblia acerca de pertenecerle a él.**

Asegúrese de que todos tengan la misma versión de la Biblia para que puedan seguirlo. Llame al frente a los tres estudiantes que escogió para que lean los textos de Romanos en esta lección.

16
●

Después de leer las Escrituras, divídanse en grupos pequeños de seis estudiantes o menos. Asegúrese de tener un líder adulto en cada grupo. Los grupos más pequeños son buenos, siempre y cuando tenga suficientes líderes preparados para estar con cada grupo, pero trate de no tener más de seis estudiantes por grupo. Reparta la hoja de trabajo **Clave para la autoconfianza** (p. 19) y plumas, y déles tiempo a los estudiantes para completar la actividad.

Actividad: Vídeo (10 minutos)

Después que los estudiantes terminen con su hoja de trabajo, presente la parte del vídeo de *Zelig*, y haga comentarios como estos:

Esta película es un documental ficticio sobre la vida de Leonard Zelig, interpretada por Woody Allen, el camaleón humano. Es acerca de un hombre cuya niñez fue tan difícil que carecía de identidad propia. Sencillamente se convertía en una réplica de aquel con quien estuviera: un hombre obeso, un músico negro, un jugador de las ligas mayores de béisbol. Este segmento nos deja ver su problema.

Ponga el segmento del vídeo y diga:

Cuando a Leonard Zelig le preguntaron: «¿Por qué cambias?», respondió: «Me da seguridad. Quiero ser apreciado.» Más adelante, en la película, Zelig dice: «Desde que era niño, siempre quise caer bien. Temía no tener un lugar al cual pertenecer. Me esforcé al máximo para ser como los que me rodeaban. Después de un tiempo, no pude controlar mis transformaciones. Ahora ni siquiera sé quién soy.»

A todos nos gusta ser simpáticos, y todos nos parecemos un poco a Zelig, a nuestra manera. Pero

VERSÍCULO

PARA MEMORIZAR

Romanos 1:17

«De hecho, en el evangelio se revela la justicia que proviene de Dios, la cual es por fe de principio a fin, tal como está escrito: "El justo vivirá por fe."»

▼▼▼▼▼▼▼▼

Pablo era diferente, él confiaba en el amor y el poder de Dios y el interés del Señor de usarlo de forma particular.

Romanos 1:6 dice: «Entre ellas están incluidos también ustedes a quienes Jesucristo ha llamado.» Jesucristo nos llamó a ti y a mí con nuestra propia identidad porque le pertenecemos. Así como Pablo tenía confianza en la verdad del evangelio de Dios, así nosotros podemos estar seguros de esto: a cada uno Dios nos hace únicos, y él quiere que tengamos una confianza reposada, pero sólida, de que lo que somos es agradable y útil para él. No necesitas trabajar para adaptarte a Jesús. Él sabe todo con respecto a tu persona, y te ama, tal como eres.

Aplicación (10 minutos)

Reparta copias de **Si yo le escribiera a los romanos** (p. 21).

Diga a los estudiantes que se imaginen que se preparan para escribirle a algunos seguidores de Cristo en el extranjero, como hizo Pablo. Pídales que completen la hoja de trabajo para que tengan un resumen de sus credenciales.

Motívelos para que lleven a su casa la hoja que les repartió y que las pongan en un lugar visible para recordar la obra de Dios en sus vidas.

Repase el versículo para memorizar, reparta las tarjetas con el versículo, repita *La gran idea* de la lección y muestre el cartel.

Termine con un tiempo de oración y pida a los estudiantes que se reúnan con dos personas más, tome dos minutos para decir las necesidades de oración, y ore en voz alta o en silencio por cada una.

Romanos 1:1-17

Clave para la autoconfianza

El libro de Romanos es una carta de Pablo para los cristianos que viven en Roma y sus alrededores. Como cualquier otra carta (o cualquier libro de la Biblia), es importante conocer al autor y saber por qué escribe. Este primer capítulo nos da una idea de la vida y ministerio de Pablo.

---

1. Escriba nueve cosas que aprendimos acerca de Pablo en este pasaje.

    a. El papel de Pablo (v. 1)

    b. Título de Pablo (v. 1)

    c. Puesto de Pablo (v. 1)

    d. Trabajo o llamado de Pablo (v. 5)

    e. Compromiso de Pablo (vv. 9-10)

    f. Deseo de Pablo (v. 10)

    g. Talentos o dones de Pablo (v. 11)

    h. Motivación de Pablo (v. 14-15)

    I. Razones de Pablo para tener confianza (v. 16)

2. Pablo creyó que:

    ❏ Dios puede usar a cualquiera para estas cosas, así que yo no importo.

    ❏ Dios hace toda la obra, así que me quito del medio.

    ❏ Dios me llamó y dotó para hacer una diferencia en el mundo, usando mis dones al máximo.

¿Por qué escogió esa respuesta?

3. Coloque una X donde crea que está situado Pablo entre la humildad y la arrogancia.

●━━━━━━━━━━━●

Humildad   **Arrogante y engreído**

¿Por qué cree que Pablo está situado ahí?

4. El versículo 17 resume todo el libro de Romanos ayudándonos a conocer qué revela el evangelio de Dios:

> De hecho, en el evangelio se revela la justicia que proviene de Dios, la cual es por fe de principio a fin, tal como está escrito: «El justo vivirá por la fe.»

Vuelva a escribir este versículo con sus propias palabras (a propósito, justicia significa bueno, puro, santo).

Clave para la autoconfianza
G U Í A   D E L   L Í D E R

Introducción Pida a un voluntario que lea las oraciones introductorias.

1 Pida al grupo que trabajen juntos en la primera pregunta. Evite que sea el mismo estudiante el que conteste siempre.

Estas son las respuestas:

a. Siervo de Jesucristo (o esclavo, una mejor traducción de la palabra griega doulos)

b. Apóstol (un nombre que le dio Jesús a los doce discípulos en Lucas 6:12-16, y que también Pablo recibió de Cristo)

c. Apartado (véase Gálatas 1:15 donde Pablo declara que él estaba apartado desde que nació)

d. Para llamar personas de entre todos los gentiles (cualquiera que no es judío; en otras palabras, el resto del mundo)

e. Ser un siervo de Dios con todo su corazón

f. Ver a los creyentes romanos

g. Su habilidad para impartir un don

h. Su denuedo por predicar porque

I. Sintió que era deudor de todos no se avergonzó del evangelio

2 y 3 Pida a los estudiantes que trabajen en estas preguntas individualmente y que lean sus respuestas a los grupos pequeños. Estas preguntas se refieren de manera particular a los versículos 11, 14 y 15.

Aunque Pablo se siente muy seguro de él mismo, parece conocer el balance entre la autoconfianza arrogante y la humildad en Cristo: aunque puede comunicar un don espiritual (v. 11), no obstante, se siente deudor, entre otros, a los no sabios (v. 14).

4 Comente el versículo y las instrucciones antes de invitar a los estudiantes a parafrasear el versículo. Cuando crea que lo entendieron, pídales que trabajen solos durante un breve período antes de decir sus respuestas.

La pregunta 4 señala lo que Pablo llama el «evangelio de Dios» (1:1). Para parafrasear lo dicho por Pablo, este evangelio es lo que Dios dijo en el Antiguo Testamento a través de los profetas. Estos profetas, lo supieran o no, hablaron de Cristo, su último mensaje fue acerca de Jesús. En su naturaleza humana, Jesús fue descendiente de David; además, mediante el Espíritu de santidad, y demostrado por su resurrección, él fue declarado Hijo de Dios con poder (1:4). Así que Dios desea hacer a su pueblo justo, es decir bueno, santo y puro. Ser justo viene por fe en Cristo.

Romanos 1:1-17

Si yo le escribiera a los

ROMANOS

1. Mis tres mejores cualidades son...

    1.

    2.

    3.

2. Puedo ser un buen amigo de la gente porque...

3. Dios me hizo con la habilidad de...

4. Mi mayor deseo al seguir a Jesús es...

5. Las tres maneras en que Jesucristo obra en mi vida son...

    1.

    2.

    3.

6. Si pudiera elegir la manera en que Jesús use mis dones, talentos e intereses para cambiar el mundo para Dios, sería...

SESIÓN DOS

¿ASÍ QUE CREES QUE ERES BUENO?
Romanos 1:18 - 3:31

LA GRAN IDEA
*Cada persona es rebelde, pero Dios creó la vía
para transformarnos mediante la fe.*

MATERIALES NECESARIOS

- Pizarra blanca y marcadores
- Copias de las hojas Preparación de debates (pp. 29-32). Estas son cuatro hojas diferentes; haga suficientes copias de cada una para la cuarta parte de su grupo.
- Adultos: un moderador y de uno a tres jueces (véase el Debate, p. 24).
- Cuatro premios para los que debaten.
- Cuatro estudiantes mayores que serán los que van a debatir (opcional, véase Para los más jóvenes, p. 24).
- Copias de Anatomía de un Rebelde (p. 27).
- Cartulina del tamaño de una etiqueta de 12" x 3" y marcadores.
- Escriba La gran idea de esta sesión en una pizarra blanca, cartel, etc.
- Biblias y lápices (o plumas) para todos los estudiantes y adultos.
- Tarjetas con el versículo bíblico para memorizar (p. 116).

Resumen

Este es un pasaje largo y cargado de un fuerte contenido teológico. *La gran idea* de la lección resume la posición de Pablo de que todos somos pecadores necesitados de misericordia, y que las buenas obras (es decir, hacer el bien) nunca serán suficientes para satisfacer la justa ira de Dios.

Aquí están los elementos clave de la lección: una definición del pecado, la relación entre pecado (rebelión de la humanidad contra Dios) y pecados (la manera en que actuamos como consecuencia de nuestra naturaleza rebelde); incapacidad de la humanidad para reconciliarse con Dios; la inutilidad de tratar de complacer a Dios con nuestros méritos y la justicia que viene mediante la fe en Jesucristo.

Antes de la reunión

1. Una semana antes de la clase tenga lista la hoja de trabajo **Anatomía de un rebelde** (p. 27) y su **Guía del líder** (p. 28) para los líderes de grupos pequeños.
2. Escriba **la gran idea** de esta sesión en una pizarra blanca, tablilla de anuncios, carteles, diapositiva, o donde llame la atención de los estudiantes durante la sesión de clase. Lo ideal es agregar a la lista acumulativa *la gran idea* después de la reunión (en una pared vacía), para que los estudiantes tengan presente lo que estudiaron en Romanos. Si no tiene el espacio en la pared, use el modelo de la página 115 para hacer la diapositiva y proyectarla durante el tiempo del resumen al principio de cada sesión. Solo presente las grandes ideas que hayan estudiado hasta el momento.
3. Escoja a cuatro buenos lectores para que practiquen y presenten tres pasajes cada uno:

PARA LOS MÁS

JÓVENES

Nombre y prepare estudiantes mayores para que sean los que debatan. Los estudiantes pueden dividirse en grupos para discutir estrategias, pero los estudiantes mayores pueden ser los representantes del grupo durante el debate. Los más jóvenes estarán atentos mientras llega la oportunidad de tomar partido y apoyar sus posiciones.

■ Romanos 1:18-23; 2:5-11 y 3:1-8
■ Romanos 1:24-27; 2:12-16 y 3:9-18
■ Romanos 1:28-32; 2:17-24 y 3:19-25
■ Romanos 2:1-4; 2:25-29 y 3:26-31

Diga a los lectores seleccionados que tan pronto como termine el repaso de la lección pasen a cada esquina del salón. Después que el líder instruya a la clase para que busquen el pasaje de la semana y los estudiantes lo encuentren, los lectores deben narrar los pasajes asignados consecutivamente y sin hacer pausas hasta terminar de leer todo el texto.

4. Nombre un adulto para que sea el moderador y cuatro adultos para que sean jueces en el debate **¿La gente es buena o mala?** (véase a continuación). Si planea usar la opción para los estudiantes más jóvenes, también nombre cuatro adolescentes mayores.

5. Corte suficientes cartulinas de 12" X 3" para cada estudiante participante.

Apertura (5 minutos)

Desarrolle el juego *¿Quién es bueno? ¿Quién no lo es?* Así es como se juega: Pida que todos se paren en el medio del salón. Lea, uno por uno, los nombres de la lista siguiente y pídale a los estudiantes que se muevan a un lado del salón si creen que la persona mencionada es buena, y al lado opuesto si no lo es. Cada jugador hace su decisión personal y debe votar por una de las dos posibilidades.

Lista
■ Abraham Lincoln
■ Presidente actual de los Estados Unidos
■ Director de la escuela del estudiante
■ Adolfo Hitler
■ Madre Teresa
■ Jueces de la Corte Suprema
■ Martin Luther King
■ Ghandi

(Agregue los suyos: por ejemplo, deportistas o políticos locales; personas de la TV, músicos o artistas de cine.)

Después del juego, haga las siguientes preguntas:

■ **¿Quién cree que es la mejor de estas personas? ¿Por qué?**
■ **¿Quién cree que es la peor de estas personas? ¿Por qué?**
■ **¿Cómo sabe quiénes son en verdad estas personas?**
■ **¿Son algunas personas esencialmente buenas y otras malas? ¿Por qué?**

Actividad: Debate (30 minutos)

Divida la clase en no más de cuatro grupos (mucho menos si la clase es pequeña) para debatir «¿La gente es buena o mala?» Cada grupo tendrá cinco minutos para repasar la hoja de trabajo **Preparación del debate** (pp. 29-32) y elegir un representante del grupo que defienda la posición que adoptaron durante el debate.

Los estudiantes pueden agregar sus propias ideas, los grupos no están restringidos a las sugerencias o estrategias de las hojas de trabajo.

Cuando los grupos estén listos, siente a los jueces, ceda la dirección al moderador y comience el debate. Cada participante tendrá noventa segundos para presentar los casos más convincentes. Después que los cuatro hagan su presentación, concédale a cada uno noventa segundos adicionales para refutar a los otros. Mantenga el debate acalorado y vivaz.

Después de esta parte, el moderador le puede dar la oportunidad a los estudiantes para hacer preguntas a cualquiera de los participantes que están debatiendo. Instruya con anticipación al moderador para que distribuya las preguntas de modo equitativo entre los cuatro participantes.

Después de las preguntas, pida que los jueces otorguen premios sencillos a los cuatro participantes. Establezca categorías, como por ejemplo, el más lógico, el mejor preparado, el más convincente y los más rápidos en reaccionar.

Pida que algunos estudiantes voluntarios expliquen qué argumentos tuvieron más sentido para ellos y por qué. Enumere los mejores argumentos de cada posición en una pizarra.

ACTIVIDAD

OPCIONAL

Si el debate sale bien, pida a los estudiantes que lo repitan en una clase de adultos de la Escuela Dominical y guíe la discusión que sigue. Nombre un líder que trabaje por anticipado con los que debatirán para que así sus argumentos queden bien establecidos.

Escrituras (20 minutos)

Primero, repase *La gran idea* de la última lección. Haga esto cada semana para que haya continuidad entre las lecciones. No muestre los carteles de *La gran idea* hasta que los estudiantes la mencionen. A medida que pase la semana, las grandes ideas se reconocerán mejor.

Los lectores de las Escrituras que nombró deben estar en las cuatro esquinas del salón listos para leer. Pida a los estudiantes que abran sus Biblias en Romanos 1:18 y que sigan la lectura con los lectores.

Los estudiantes deben volver a sus equipos de debate y se debe asignar un líder adulto para cada equipo. Pida a los grupos que completen la hoja de trabajo **Anatomía de un rebelde** (p. 27)

Aplicación (5 minutos)

Después de que los estudiantes completen la hoja de trabajo, pida a cada grupo que exponga sus conclusiones a toda la clase, que se concentren en las etiquetas (tamaño 12" x 3") que crearon.

Presente el versículo para memorizar, reparta las tarjetas, repase la lección de *La gran idea* y muestre el cartel.

Termine con un momento de oración concentrándose en el contenido de las etiquetas. Motive a los estudiantes para que coloquen las etiquetas en sus dormitorios para que recuerden la lección.

VERSÍCULO

para memorizar

Romanos 3:22

Esta justicia de Dios llega, mediante la fe en Jesucristo, a todos los que creen. De hecho, no hay distinción.

Romanos 1:18 - 3:31

ANATOMÍA DE UN Rebelde

El primer paso para estar saludable es reconocer nuestra necesidad de sanidad. En Marcos 2:17 Jesús dijo: «No son los sanos los que necesitan médico sino los enfermos. Y yo no he venido a llamar a justos sino a pecadores.» El primer paso de los Alcohólicos Anónimos es «admitir que uno es impotente ante el alcohol, la vida de uno está descontrolada». Esta lección proyecta cómo Dios nos ve y qué hace al respecto.

La última lección nos dejó con un resumen de la carta de Pablo a los Romanos: «En el evangelio se revela la justicia que proviene de Dios» (1:17). Significa que, el evangelio nos muestra cuánto quiere Dios que seamos sus amigos y cómo nos ve como justos, es decir, limpios, puros y buenos.

Pero, ¿por qué es necesario esto? ¿No me ha visto Dios como un bonachón?

---

1. ¿Qué es la ira de Dios?

2. Romanos 1:20 dice que somos inexcusables. ¿Cuáles son las dos cosas que este versículo indica que, lo admitamos o no, son iguales para todos?

   1.

   2.

3. Aquellos que deciden actuar contra Dios son llamados rebeldes, porque están en rebelión contra Dios. Cuáles son las consecuencias (resultados) de la rebelión que Pablo identifica en los siguientes versículos del capítulo 1:

   ■ Versículo 21

   ■ Versículo 23

   ■ Versículo 24

   ■ Versículo 25

   ■ Versículos 26-27

   ■ Versículo 28

   ■ Versículos 29-32

¿Cuál cree que es la causa original de esta progresión de consecuencias?

4. Para los judíos, la circuncisión fue la señal de la relación entre Dios y el pueblo de Israel. Pablo dijo que los judíos pensaban que moralmente eran superiores a otros pueblos por estar circuncidados (véase 2:17-21). Piense estas preguntas que hizo Pablo:

   ■ *«Tú que enseñas a otros, ¿no te enseñas a ti mismo?»* (2:21)
   ■ *«Tú que dices que no se debe cometer adulterio, ¿adulteras?»* (2:22)

   Según Mateo 5:27-28, ¿cuál es la perspectiva de Jesús en estos casos?

5. ¿Cuál es el punto principal de Pablo en Romanos 2? (marca la mejor respuesta)

   ❑ Algunos son mejores que otros.
   ❑ La gente religiosa está más cerca de Dios y es más santa que los no religiosos.
   ❑ Estamos todos en el mismo bote como pecadores que se rebelan contra Dios.
   ❑ Algunos son buenos, otros son malos, y así es la vida.

   Ahora compare sus respuestas con Romanos 3:9-10.

6. Use las cartulinas y los marcadores para escribir con sus propias palabras, una etiqueta que diga lo que expresa Romanos 3:22-23.

Romanos 1:18 - 3:31

ANATOMÍA DE UN REBELDE

GUÍA DEL LÍDER

Pida a un voluntario que lea el párrafo de introducción de la lección. Después, pida a los estudiantes que contesten la pregunta 1, y comente sus respuestas en grupo. Repita el proceso con cada pregunta.

1 La ira de Dios es diferente a la cólera humana, la cual es a veces impulsiva, vengativa y explosiva. La ira de Dios, una hostilidad santa hacia el mal, se enfoca en la impiedad y maldad de la gente que niega la verdad. Cuando la humanidad niega que Dios existe, nuestra rebelión es la última forma de maldad e iniquidad.

2 Desde la creación, el poder de Dios (la clase de poder que solo Dios posee) y la naturaleza divina (lo que Dios es, como se expresa en la creación, hermosura, orden, majestad) han sido obvios para todos. Véase Salmo 19:1 e Isaías 6:3 para apoyar aun más esta idea.

3 Pablo bosqueja una progresión de las consecuencias de la rebelión. Aquí están las respuestas a esta sección:

- 21 .... Nuestros corazones están entenebrecidos, somos insensatos
- 23 .... Adoramos ídolos
- 24 .... La sexualidad y la sensualidad se convierten en obsesión
- 25 .... Las cosas creadas reemplazan al Creador y son objeto de alabanza y adoración
- 26-27 .... La homosexualidad y otros pecados sexuales se multiplican
- 28 .... Dios nos entrega a nuestras rebeliones
- 29-32 .... Envidia, homicidios, disensiones, engaño, malicia, etc.

La causa básica de esta progresión es que no estamos dispuestos para mirar a Dios como nuestro Dios.

4 Romanos 1.14 expone con claridad que Pablo está hablando a cada ser humano de cualquier época. Anime a sus estudiantes a buscar los puntos en el argumento de Pablo que especifiquen que todos estamos en el mismo bote.

5 Esta pregunta ayuda a los estudiantes a reconocer que ninguno es mejor que otro en lo que se refiere a ser santos, puros o justos.

6 y 7 Todos estamos en el mismo bote.

8 Reparta hojas a sus estudiantes para que hagan un borrador de sus etiquetas de 12" x 3". Cuando desarrollen algunas ideas, reparta las cartulinas y pídales que hagan etiquetas para colocarlas en las paredes de su casa.

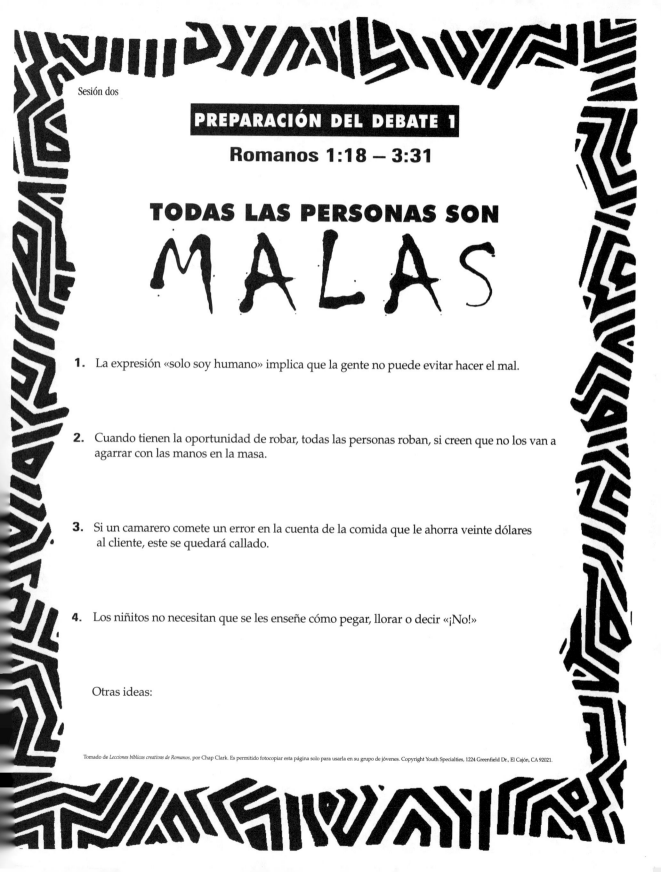

PREPARACIÓN DEL DEBATE 1

Romanos 1:18 — 3:31

TODAS LAS PERSONAS SON
MALAS

1. La expresión «solo soy humano» implica que la gente no puede evitar hacer el mal.

2. Cuando tienen la oportunidad de robar, todas las personas roban, si creen que no los van a agarrar con las manos en la masa.

3. Si un camarero comete un error en la cuenta de la comida que le ahorra veinte dólares al cliente, este se quedará callado.

4. Los niñitos no necesitan que se les enseñe cómo pegar, llorar o decir «¡No!»

Otras ideas:

PREPARACIÓN DEL DEBATE 2

Romanos 1:18 – 3:31

Algunas personas son *Buenas,* otras son MALAS

1. A una edad tan temprana, como la preescolar, algunos niños son agradables y otros intimidan.

2. Desde que somos jóvenes, aprendemos que algunas personas son muy amistosas y que otras son mezquinas y crueles.

3. Por cada persona mala, hay una buena. Por ejemplo, por cada Hitler, hay una Madre Teresa.

4. Ya sea por causa de la crianza o la genética, algunas personas son simple y sencillamente malas. Por eso tenemos policía, para proteger a las personas buenas de las malas.

Otras ideas:

Tomado de *Lecciones bíblicas creativas de Romanos*, por Chap Clark. Es permitido fotocopiar esta página solo para usarla en su grupo de jóvenes. Copyright Youth Specialties, 1224 Greenfield Dr., El Cajón, CA 92021.

PREPARACIÓN DEL DEBATE 3

Romanos 1:18 — 3:31

Todos son intrínsecamente  *Buenos*

1. Cuando nacen los bebés, nacen a la imagen de Dios. Son puros y buenos. Es la influencia maligna del mundo externo lo que hace que la gente haga cosas malas.

2. Si dentro del público alguien se hiere o necesita ayuda, siempre hay suficiente gente que ayuda a esa persona.

3. Es un hecho que en la actualidad se ofrecen más personas para ayudar a otros que antes.

4. Si mira con detenimiento a alguien, podrá ver sus virtudes interiores. Todos tienen un buen corazón.

Otras ideas:

PREPARACIÓN DEL DEBATE 4

Romanos 1:18 — 3:31

Las personas deciden ser *Buenas, o MALAS*

1. Cada vez que enfrentamos un problema donde debemos decidir qué hacer, hacemos una elección. A veces la correcta y a veces la incorrecta. Pero siempre hacemos una elección.

2. Los chiquillos comienzan a tomar decisiones entre lo correcto y lo incorrecto desde muy temprana edad. Los patrones que desarrollan cuando son niños influyen en cuán buenos serán cuando crezcan.

3. En un artículo de un periódico se dijo que todos tenemos la capacidad de ser buenos y malos, y nosotros decidimos según las circunstancias.

4. Todos somos esencialmente iguales, a veces decidimos ser buenos y a veces elegimos ser malos. Así es la naturaleza humana.

Otras ideas:

SESIÓN TRES

CONFIANZA, LA CLAVE PARA LA FE
Romanos 4:1-25

LA GRAN IDEA
Fe es confiar en que Dios aún está obrando en mí.

Resumen

Pablo cambia su dirección en el capítulo cuatro de Romanos con su argumento de la justificación por la fe. Él anticipa las objeciones de los judíos a quienes se les enseñó todo el tiempo que Abraham fue justificado por su obediencia a la ley. El mensaje que trae Pablo no cambia, pero la aplicación de la historia es nueva.

La verdad fundamental del argumento de Pablo es que Dios declaró que Abraham fue justo *antes* del rito de la circuncisión (versículos 9-10), la cual es la señal de fidelidad para los judíos. Aquí es donde Pablo comienza el proceso de reunir a los creyentes judíos y gentiles en una familia.

Pablo argumenta que, si Abraham creyó a Dios por fe antes de la circuncisión, también es padre de los no circuncidados (por ejemplo, los gentiles que tuvieron fe en Dios) y los circuncidados (los judíos). Para la creencia de los judíos esto era una herejía; su consideración fue que Abraham era *padre solo de ellos*, lo cual los separaba del resto del mundo.

Las palabras finales de Pablo son un eco de lo que él ha venido diciendo a través de este pasaje, la promesa a Abraham es universal en alcance, pero solo se otorga a los que tienen la fe de Abraham. Dios justificará a cualquiera de nosotros que tenga fe en su promesa, la cual se cumplió cuando levantó a Jesús, nuestro Señor, de los muertos (versículo 24).

Antes de la reunión

1. Repase el segmento del vídeo de *Rocky III* para determinar si es conveniente para su grupo. En el contador digital de la videocasetera, este segmento se encuentra del minuto 38:70 al 40:15. Es la escena en la cual Rocky Balboa y su esposa, Adrienne, están en la playa después de que él se da por vencido. Para preparar el contador digital, póngalo en 00:00

donde aparece el primer crédito. Después páselo rápido hasta 38:70. Ajuste el lugar del vídeo y el sonido antes que lleguen los estudiantes.

2. Haga una grabación en vídeo de un adulto (alguien que los estudiantes reconozcan y con quien ellos simpaticen) que esté leyendo Romanos 4 dentro o frente a una sinagoga. Recuerde pedir permiso en la sinagoga antes de proceder.

3. Prepare la hoja de trabajo **¡La obra de Dios en mí!** (p. 37) y su **Guía del líder** (p. 38) para entregársela a los líderes del grupo pequeño una semana antes de la lección.

4. Escriba **La gran idea** de esta sesión en una pizarra, en la tablilla de anuncio, cartel, diapositiva, o en cualquier cosa que llame la atención de los estudiantes durante la sesión de enseñanza. Lo ideal es agregarla al final de la reunión a la lista acumulativa (en una pared vacía), para que los estudiantes tengan presente lo que estudiaron en Romanos. Si no tiene el espacio en la pared, use el modelo de la página 115 para hacer la diapositiva y proyectarla durante el tiempo del resumen al principio de cada sesión. Solo presente las grandes ideas que hayan estudiado hasta el momento.

5. Amplíe la gráfica que se encuentra en **¡Dios está obrando en mí!** (p. 37).

6. Pruebe el volumen, claridad, etcétera, de la cinta o CD de la canción *Miracle of Mercy* [Milagro de misericordia]. Use el original de la página 40 para hacer una diapositiva con la letra de la canción. Revise el proyector para asegurarse que funcione. (Tenga a mano un bombilla extra.)

7. Si va a emplear la opción **Para los más jóvenes**, prepare y recorte una figura de Jesús para cada estudiante

HE PELEADO LA BUENA BATALLA ... ME HE MANTENIDO EN LA FE.
2 TIMÓTEO 4:7

Apertura (10 minutos)

Ponga el segmento del vídeo *Rocky III*. Prepare el escenario y explique lo siguiente:

Rocky Balboa perdió su título de campeón de peso pesado contra Clubber Lang, y empleó a su antiguo oponente, Apollo Creed, para que lo entrenara para la revancha.

Rocky va al sur de California a entrenar, pero durante el entrenamiento se da cuenta que perdió el ojo de tigre, las ansias de competir. Vamos a ver una escena que muestra a Rocky y Adrienne su esposa, en la playa, después de que él se dio por vencido.

Después que enseñe este segmento, pida a los muchachos que se reúnan con otros dos y comenten estas dos preguntas:

■ **¿Por qué Rocky quería renunciar?**
■ **¿Qué fue lo más importante que Adrianne le dijo a Rocky que lo hizo cambiar de opinión?**

Después de varios minutos, reúna a todo el grupo para que presenten sus conclusiones. Termine diciendo:

Rocky temía no ser el mismo boxeador que ganó el título y además le tenía miedo a Clubber Lang. Adrianne quiso motivarlo y le hizo saber que no estaba solo, que había otros que lo apoyaban y creían en él. Pero Rocky necesitaba creer en él mismo.

Escrituras (30 minutos)

Repase *la gran idea* de las sesiones 1 y 2. Dé a los estudiantes la oportunidad de recordar las grandes ideas antes de mostrar el cartel.

Ponga el vídeo de Romanos 4 donde se exhibe lo que se leyó dentro o frente a una sinagoga. Pida a los estudiantes que sigan la lectura en sus Biblias.

Reparta las hojas de trabajo **¡Dios está obrando en mí!** (p. 37) y las plumas. Divida a los estudiantes en pequeños grupos con un adulto por lo menos para cada grupo y complete las hojas de trabajo.

Cuando los grupos comiencen a comentar la pregunta 5, si se sienten cerca de Dios, coloque al frente del salón la versión ampliada de la gráfica. Después que cada grupo pequeño haga su trabajo, un representante pasará la información de su respectivo grupo a la gráfica que está al frente (véase la p. 38, **Guía del líder,** preguntas 4-5). Entregue a cada representante un marcador de diferente color. Desde luego, en la gráfica no se debe identificar ninguna posición con el nombre del estudiante.

Aplicación (20 minutos)

Comience la aplicación diciendo:

La gran idea para esta lección es: «Fe es confiar en que Dios aún obra en mí.» La mayoría de las veces, sentimos que todo pesa sobre nuestros hombros. Pero tener fe significa confiar en que Dios obra en nosotros, y amar a Cristo tanto como para obedecerlo. Lo importante no es cuán cerca nos sintamos de él, sino cuán cerca él permanece de nosotros, aunque no lo sintamos.

Toque la canción «Milagro de misericordia» que destaca el hecho de que la fe cristiana consiste en confiar en Dios, no en hacer actividades cristianas. Presente la canción diciendo:

Esta canción habla de la gracia de Dios. Esta gracia, es el amor maravilloso de Dios por nosotros aunque no lo merecemos, porque por nuestros propios méritos, no podemos ganar el respeto ni el amor de Dios. Aunque fallamos muchas veces, él nos sigue amando. De eso se trata la gracia.

VERSÍCULO

PARA MEMORIZAR

Romanos 4:5

Sin embargo, al que no trabaja, sino que cree en el que justifica al malvado, se le toma en cuenta la fe como justicia.

Coloque la diapositiva con las canciones (p. 40) en el proyector. Oscurezca la habitación lo más posible. Pida a los estudiantes que escuchen la canción y en oración consideren el significado de las palabras.

Permita que halla un momento de silencio después de la canción. Acto seguido, encienda las luces y lea Romanos 4:20-21.

Reparta copias de **Mi andar con Jesús** (p. 39). Pida a los estudiantes que dibujen figuras simples (con círculos y rayas), más o menos en el mismo lugar que lo hicieron antes. En la misma gráfica, pida a cada estudiante que dibuje otra figura que represente dónde él o ella quiere estar en su relación con Jesús. Pídales que contesten la pregunta en la parte inferior del volante.

Invítelos a llevarse la gráfica a la casa y que la pongan donde la puedan ver con frecuencia.

Presente el versículo para memorizar, reparta las tarjetas con los versículos, repita *La gran idea* de la lección y refiérase al cartel.

Use una diapositiva con la **Oración de confesión** (p. 41) para hacerla juntos.

¡Dios está obrando en mí!

1. En los versículos 4-5, Pablo habla acerca de la diferencia entre una dádiva y una deuda ¿Cuál es la diferencia?

    El asunto que Pablo establece en estos versículos es...

2. El versículo 18 dice: «Contra toda esperanza, Abraham creyó.» ¿Por qué su fe fue contra toda esperanza?

3. Vivimos después de la resurrección (versículos 23-25), pero Abraham vivió mucho antes de que naciera Jesús. Lea los versículos 23-25. ¿Qué ventaja tenemos que no tuvo Abraham?

4. ¿En qué aspecto te cuesta más trabajo confiar en Dios? (Usa abreviaturas o un «código» si quieres mantener tu respuesta confidencial, solo entre tú y Dios.)

    ¿Por qué?

5. En la gráfica de abajo, dibuja una figura sencilla que represente lo cerca o lejos que estás de Jesús.

Romanos 4:1-25

¡Dios está obrando en mí!
GUÍA DEL LÍDER

En este capítulo, Pablo escoge dos héroes de Israel, Abraham, el padre de la fe, y David, el gran rey, para dar ejemplo del asunto de la justificación por la fe. Es interesante que Mateo también empieza su Evangelio con estos dos mismos individuos. Hay dos razones para esto:

- El evangelio que Pablo predica no es nuevo, era la fe de Israel que ahora continúa con Cristo.
- El quería conectar el evangelio a sus raíces e historia judías

El capítulo presupone un conocimiento de la vida de Abraham. Antes de comenzar la hoja de trabajo, marque los cuatro episodios clave con los estudiantes:

1. Dios llamó a Abraham para que dejara la tierra de Ur y fuera a la nueva tierra aunque Abraham no sabía dónde estaba (Génesis 12:1-4).
2. Aunque no tenía hijos, Dios prometió bendecir a Abraham con tantos hijos que formarían una gran nación (Génesis 13:14-18). Por confiar en que Dios cumpliría su promesa, Abraham fue justificado ante Dios.
3. Abraham tenía noventa y nueve años y su esposa Sara noventa, cuando por fin les nació un hijo. La circuncisión de Isaac era la señal de la relación del pacto entre Dios y los descendientes de Abraham (Génesis 17:1-11).
4. Dios probó a Abraham pidiéndole que sacrificara a su hijo. La obediencia de Abraham reafirmó su confianza en la promesa de Dios (Génesis 22:1-19).

1. La diferencia entre una deuda y una dádiva es que la primera es adquirida mientras que la segunda se da solo por la generosidad del dador, no porque la persona que lo recibe lo haya ganado o lo merezca. Pablo deja claro que la justicia es un don de Dios.

2. «Contra toda esperanza, Abraham creyó» (versículo 18). Abraham creyó a Dios a pesar de que él y Sara eran muy viejos para tener hijos.

3. Tenemos una ventaja que no tuvo Abraham, podemos ver el cumplimiento de la promesa de Dios, especialmente la resurrección de Jesús. Abraham creyó, pero el cumplimiento de la promesa de Dios aún era cosa del futuro.

4 y 5. Tenga cuidado con estas preguntas tan personales. No presione a los jóvenes para que digan sus respuestas. Cuando los que quieran muestren su gráfica individual, pida a los grupos pequeños que preparen una gráfica compuesta que indique las posiciones de cada uno en el grupo, sin anotar los nombres individuales. Esto se usará más tarde en la lección (véase Escritura, p. 35).

Romanos 4:1-25

MI ANDAR CON JESÚS

1. Dibuje en la gráfica una figura sencilla que describa cuán cerca estás de Jesús.

2. Dibuje una figura sencilla que muestre cuán cerca quiere estar en relación a Jesús.

La gran idea de Romanos 4 es: «Fe es confiar en que Dios aún está obrando en mi.» Dios es quien nos hace crecer; nuestro trabajo es aprender a confiar en él. Mientras más desarrollemos nuestra confianza en Jesús, más nos acercaremos a él.

3. ¿ Qué vas a hacer que te ayude a desarrollar tu confianza en Jesús?

MILAGRO DE MISERICORDIA

Si la verdad fuera conocida
 y en cada escondite de mi alma una luz se arrojara
La mayoría se alejaría, moviendo la cabeza y diciendo
 «Aún tiene un largo camino que recorrer»
Si se conociera la verdad, reconocerías que lo único bueno
en mí es Jesús, ¡ah! es Jesús
 Si las paredes contaran las veces que fui débil, cuando todos
 pensaban que era fuerte
Podría mostrar mi rostro si no fuera por la gracia
 Del que ha conocido la verdad desde el principio
Si las paredes hablaran, dirían que mi única esperanza fue la
gracia de Jesús, la gracia de Jesús
 Pero, la bondad y la gracia en él
Lo toma todo y lo hace mío
 y hace que la luz brille en mí
Y me ama con amor eterno
 Tal como soy, no como hago
Podría ser esto real, podría ser esto verdad
 Esto solo sería un milagro
Este solo sería un milagro de misericordia

ORACIÓN DE CONFESIÓN

Líder: Dios, hemos tratado de vivir la vida por nuestra cuenta.

Todos: **Perdónanos, Señor.**
Te hemos abandonado en nuestro andar día a día.

Perdónanos, Señor.
Hemos vivido como si tú no fueras real.

Perdónanos, Señor.
Hemos vivido como si tú no existieras.

Perdónanos, Señor.
Abre nuestros ojos para que podamos verte en todas nuestras actividades diarias.

Ayúdanos, Señor nuestro.
Necesitamos experimentar tu amor, tu perdón y tu poder.

Ayúdanos, Señor nuestro.
Dios, danos el corazón tierno que tienen los perdonados.

Tócanos, Señor, para que podamos glorificarte ahora y siempre.
Dios, hemos tratado de vivir la vida por nuestra cuenta.

Perdónanos, Señor. Amén.

SESIÓN CUATRO

MATERIALES NECESARIOS

- Varios regalos envueltos (véase Antes de la reunión, punto 2)
- Pedazos de papel numerados colocados en un «sombrero» para el intercambio de regalos (véase Apertura, p. 44)
- Dos copias del guión El regalo (p. 50) y un regalo con una bonita presentación.
- Copias de El mayor de los dones (p. 47)
- Un adulto voluntario que sea el Hombre-hielo o Mujer-hielo (opcional, véase Para los más jóvenes, p. 45)
- Copias de Una nota de agradecimiento a Dios (p. 49)
- La gran idea de esta sesión escrita en una pizarra blanca, cartel, etc.
- Biblias y lápices (o plumas) para cada estudiante y adulto.
- Tarjetas de los versículos bíblicos para memorizar (p. 116)

EL DON DE LA FE
Romanos 5:1-21

LA GRAN IDEA
La fe verdadera trae paz con Dios.

Resumen

Una vez que Pablo establece los fundamentos para unir a los creyentes judíos y gentiles (un tema que se desarrolla a través del resto del libro), ahora destaca los beneficios de la fe.

La primera mitad del capítulo (versículos 1-11) identifica tres beneficios de la justificación por la fe en Cristo: tenemos paz con Dios, recibimos la gracia de Dios y tenemos alegría.

La segunda mitad (versículos 12-21) es un contraste entre los dones de la justificación a través de Cristo con la condenación que vino por Adán.

Los eruditos están en desacuerdo acerca del contenido de los versículos 12-21, pero no hay duda de que Pablo está por lo menos indicando que todos estamos condenados si no recibimos el don de la gracia de Dios mediante la fe en Jesucristo.

Antes de la reunión

1. Por lo menos dos semanas antes de la reunión, nombre a dos estudiantes que representen **El regalo** (p. 50). Entrégueles el guión con suficiente anticipación y pídales que practiquen con usted por lo menos dos veces antes de la actuación. La representación no es muy larga, pero para que sea eficaz, sus actores deben conocer bien sus guiones.
2. Informe por adelantado a los estudiantes que deben traer algo cómico envuelto en papel de regalo para un intercambio de regalos. Traiga suficientes regalos, incluyendo unos cuantos que no sean de juego, sino de verdad, para que cada estudiante obtenga uno.
3. Prepare pequeños pedazos de papel numerados. Haga solo la cantidad que corresponda al número de participantes.

4. Varios días antes de la lección entregue la hoja de trabajo **El mayor de los dones** (p. 47) y la **Guía del Líder** (p. 48) a los líderes de los grupos pequeños.

5. Escriba **La gran idea** de esta sesión en una pizarra, tablilla de anuncios, cartel, diapositiva, o dondequiera que llame la atención de los estudiantes durante la sesión de enseñanza. Lo ideal es agregarla después de la reunión a una lista acumulativa (en una pared vacía) para que los estudiantes tengan presente lo que estudiaron en Romanos. Si no tiene el espacio en la pared, use el modelo de la página 115 para hacer la diapositiva y proyectarla durante el tiempo del resumen al principio de cada sesión, solo presente *las grandes ideas* que estudió hasta el momento.

6. Invite a un adulto que no sea conocido por los estudiantes para que represente al Hombre de hielo (véase **Para los más jóvenes** (p. 45).

7. Pida a los estudiantes que van a actuar que preparen el escenario para que estén listos para empezar inmediatamente después de los juegos de apertura.

Apertura (15 minutos)

Haga el intercambio de regalos. Así es como se hace: Coloque todos los regalos en el centro del salón para el intercambio y haga que los estudiantes tomen un número del sombrero. El número uno tomará el regalo que más le guste, lo abrirá, y se lo enseñará a todos. La próxima persona tiene la opción de escoger el «pájaro en mano» (el regalo desenvuelto del primer jugador) o ir de cacería, tomando otro del montón de regalos. Si el primer jugador se queda con las manos vacías, escoge otro regalo para desenvolver. En el siguiente turno, juegue de la misma forma hasta que alguien escoja un regalo sin envolver.

Escoger un regalo sin envolver señala el fin de la vuelta. El intercambio continúa hasta que se abran todos los regalos.

Usted puede agregar alguna variante dejando que durante tres minutos más, al final, los estudiantes puedan intercambiar su regalo con cualquier otro participante. Al final de los tres minutos, cada cual se quedará con el regalo que tiene.

Actividad: Drama (15 minutos)

En esta parte haga que los estudiantes voluntarios representen **El regalo** (p. 50).

Después del drama, prepare a los actores (que seguirán en su papel de Roberto y Susana) frente al grupo. Diga a los estudiantes que se imaginen que este es un día después del concierto. Roberto se sienta atrás para poder ver a Susana sentada en la fila del frente con Carlos.

VERSÍCULO
PARA MEMORIZAR

Romanos 5:3-5

Y no solo en esto, sino también en nuestros sufrimientos, porque sabemos que el sufrimiento produce perseverancia; la perseverancia, entereza de carácter; la entereza de carácter, esperanza. Y esta esperanza no nos defrauda, porque Dios ha derramado su amor en nuestro corazón por el Espíritu Santo que nos ha dado.

Más adelante él habla con ella y se entera del regalo.

Los estudiantes le pueden hacer preguntas a Roberto y a Susana o los pueden aconsejar. Si no hay comentarios, usted puede hacer algunas preguntas como estas:

- **Roberto, ¿cómo te sentiste cuando Susana te dijo que quería darte el regalo?**
- **Susana, ¿te enojaste con él?**
- **¿Qué aprendieron de esto?**

Concluya con una o dos declaraciones que destaquen el valor de los regalos, especialmente si proviene de alguien que queremos y en quien confiamos.

Escrituras (20 minutos)

Repase las últimas tres *grandes ideas* y póngalas al frente como lo ha hecho en las lecciones anteriores.

Use el sistema carrera de relevos para leer los pasajes. Pida a un voluntario que venga al frente para comenzar la lectura, mientras que todos los demás siguen la lectura con sus Biblias. Dígale al grupo que cualquiera puede gritar «cambio» y pasar al frente para continuar la lectura donde la otra persona la dejó. Pida a los estudiantes que pongan atención en las pausas del texto. Siga así hasta que se lea todo el pasaje.

Divida al grupo en sub grupos con un líder adulto en cada uno. Reparta la hoja de trabajo **El mayor de los dones** (p. 47) y pida a los estudiantes que la completen.

Aplicación (10 minutos)

Para esta sección, recuérdele a los participantes el intercambio de regalos. Pida que algunos voluntarios digan cuáles consideran que fueron los mejores regalos y por qué. Concluya esta sesión con comentarios como los siguientes:

Nos divertimos en el intercambio y clasificación de nuestros regalos, pero vamos a pensar en el maravilloso e importante regalo de Dios. El regalo de la fe en Cristo que trae consigo tres beneficios poderosos:

- **Paz con Dios**
- **Acceso ilimitado a la presencia y comunión con Dios**
- **Un profundo sentido de esperanza y seguridad interior que nos produce una experiencia de gozo.**

¿Qué va a hacer con este don? Es un gran regalo que incluye todo lo necesario para disfrutar de una vida maravillosa. Dios se lo está brindando. ¿Qué le dirá?

PARA LOS MÁS
JÓVENES

Presente a su invitado especial, El hombre hielo (o la Mujer hielo), que se congeló en una caverna hace tres mil años, se derritió por una erupción volcánica y ahora está conociendo todo lo moderno que lo rodea. Él ha oído hablar de Jesús, pero no sabe nada del evangelio.

Pida al *hombre hielo* que explique, mientras más dramático mejor, cómo era la cultura de donde procede, cómo hacían sacrificios a sus dioses y cómo trataron de hacer el bien en la vida. Después, el hombre hielo puede hacerle preguntas a los estudiantes. (Antes de su actuación, usted debe anticiparle los detalles de la lección para que pueda hacer preguntas que faciliten a los estudiantes entender este capítulo.)

Reparta **Una nota de gratitud a Dios** (p. 49) y déles tiempo para que la completen. Motívelos para que comenten las respuestas con un miembro de la familia o un buen amigo.

Repase el versículo para memorizar, reparta las tarjetas con los versículos, repita *la gran idea* y refiérase al cartel.

Termine con una oración empleando plegarias de una sola palabra de acción de gracias.

La fe verdadera trae paz con Dios.

Romanos 5:1-21

EL MAYOR DE LOS DONES

1. La clave para entender los versículos 1-11 es entender el versículo 1:

> En consecuencia, ya que hemos sido justificados mediante la fe, tenemos paz con Dios por medio de nuestro Señor Jesucristo.

Señale la frase que mejor resume el versículo 1:

- ❏ a. Si yo tengo fe, tengo victoria (control total) sobre el pecado.
- ❏ b. Mi fe es lo que me hace justo delante de Dios.
- ❏ c. Dios me acepta por la manera en que lo sirvo.

¿Cuál es el error en las otras posibilidades?

2. ¿Cuáles son los resultados de ser justificados por la fe, y qué significado tiene para usted?

Versículos	Resultados	¿Qué significa para mí?
1		
2		
2-3		

3. Lea los versículos 3-4. Considere qué quiere decir la Biblia cuando se refiere a «nos regocijamos …en nuestros sufrimientos» (por Jesús). Clasifique las siguientes declaraciones del 1 (la que más se acerca al significado bíblico de sufrir por Jesús) al 8 (la más lejana al significado bíblico):

__ Ser molestado o aislado por llevar una Biblia
__ Respaldar a alguien que es diferente

__ Quedarse en casa en lugar de salir a tomar licor

__ Ser ridiculizado por usar una camiseta cristiana

__ Que lo dejen fuera de un grupo de amigos por no querer participar de fiestas con ellos

__ Perdonar a alguien que lo ofendió

__ Sentirse triste por aquellos que están espiritualmente perdidos

__ Ser ridiculizado por comenzar un grupo de oración en la escuela

4. Basados en los versículos 5-11, ¿de dónde viene nuestra esperanza? ¿Cómo la obtenemos?

5. El versículo 15 dice: «La gracia no es como la transgresión.»

¿Qué es la gracia?

¿Qué es la transgresión?

¿Qué compra la transgresión?

¿Qué compra la gracia?

Romanos 5:1-21

EL MAYOR DE LOS DONES

GUÍA DEL LÍDER

1 Ser justificados por la fe se refiere a nuestra posición espiritual delante de Dios, pero esto no afecta la naturaleza pecaminosa que reside en nuestros cuerpos físicos, así que a. es falsa. La obediencia y buenas obras no nos salvan, así que c. también es falsa. Nuestra justificación, un término legal que significa perdón de las consecuencias del pecado, se basa solo en nuestra fe, o confianza, en Cristo Jesús, así que b. es la respuesta correcta.

2 Los tres resultados de ser justificados por fe: paz con Dios, acceso a Dios y esperanza y alegría.

3 Puede darse entre los estudiantes algunos malentendidos con respecto a este concepto. Aunque algunos creen que el sufrimiento está relacionado con cualquier oposición, hay otros, incluyéndome a mí, que creen que el sufrimiento cristiano es, una opresión para vivir de tal manera que refleje nuestra fe o el sufrimiento interno que experimentamos por aquellos que están bajo la influencia del pecado.

La pregunta puede provocar una discusión acerca del sufrimiento que experimentamos cuando somos arrogantes y santurrones y tal vez merezcamos ese sufrimiento que resulta de nuestra actitud, en contraste con la experiencia del sufrimiento por amar a otros y caminar humildemente con Jesús. (Busque Mateo 6:5-8 y Colosenses 4:5-6 para tener más comentarios.)

La última parte de la pregunta 3 se hizo para ayudar a los estudiantes a caminar a través del proceso que Dios usa para transformar el sufrimiento en algo bueno. Para cualquier declaración que se dé, pregunte: «¿Cómo su primera elección acerca del sufrimiento produce perseverancia? ¿Cómo produce carácter? ¿Cómo produce esperanza?»

4 Tenemos esperanza porque Dios nos dio el Espíritu Santo. Durante siglos se luchó tratando de entender qué quiso decir Pablo al referirse al pecado de Adán en los versículos 12-14; pero a través de los años, el consenso general es que el pecado de Adán en el jardín fue representativo de todos nosotros.

Stott declara: «Si es verdad que hemos pecado en y con Adán, es una verdad aun más gloriosa que hemos muerto y resucitado con Cristo» (p. 154).

5
- La gracia es la justificación mediante la fe.
- La transgresión es el pecado de Adán.
- La transgresión trae la muerte a todos.
- El don trae la justificación para todos los que confiemos en Cristo.

UNA NOTA DE AGRADECIMIENTO PARA DIOS

Gracias

Amado Dios:

Gracias por darme paz contigo. Lo mejor de esto es...

Gracias por darme acceso a ti. Esto me ayuda a saber...

Gracias por darme esperanza y gozo. Cuando pienso
en estas dos cosas, pienso...

Gracias por darme el don de la fe. Quiero...

Te ama,

Romanos 5:1-21

El Regalo

Personajes
Roberto
Susana

Accesorios
Un regalo con
una bonita
presentación

Roberto:	Hola, Susana, ¿Qué hay de nuevo?
Susana:	(*lleva un regalo*) Hola, Roberto. ¿A dónde vas con tanta prisa? Yo voy para tu casa
Roberto:	(*interrumpiendo a Susana*) Susana, estoy un poco apurado. Voy a comprar los boletos para el concierto de esta noche... a $200 cada uno... a un revendedor. Son los últimos que le quedan, tengo que apurarme.
Susana:	Es por eso que vine. Tengo algo para ti.
Roberto:	¡Maravilloso! ¿Pero, cuál es el motivo? No creo que sea por mi cumpleaños. ¿Qué es?
Susana:	Es algo muy ca... bueno, un regalo para que sepas que creo que eres un buen chico y me gustas.
Roberto:	¡Qué bien! Bueno, ¿y qué me compraste?
Susana:	Tendrás que verlo tú mismo.
Roberto:	¡Está bien! (comienza a tomar el regalo, y se detiene, pensando) Pero, bueno, estoy muy apurado, y... Ah, mira... ¿Por qué tú no me dices lo que es y así terminamos con esta incertidumbre?
Susana:	¿Qué incertidumbre? Solo quiero darte este regalo, pero tú debes tomarlo y abrirlo si de veras tiene importancia para ti.
Roberto:	¿Qué quieres decir con eso de «si de veras tiene alguna importancia para mí»? Quiero el regalo y aprecio que yo te guste, pero como te dije, estoy muy apurado y no creo tener tiempo para esto. Todo lo que quiero saber es qué hay ahí dentro (señalando el paquete).
Susana:	¡Es un regalo para ti!
Roberto:	¡Ya sé que es un regalo para mí, pero quiero saber qué es!
Susana:	¿Qué es qué?
Roberto:	¡Esto! (señalando el regalo)
Susana:	¡Un regalo para ti!
Roberto:	Bueno, bueno. Gracias por el regalo. Lo aprecio, sinceramente que sí. Ahora, todo lo quiero saber es: ¡¿Qué es el regalo?!
Susana:	¿Por qué?
Roberto:	¿Qué quieres decir con: «Por qué.» Porque sí, ¿está bien? No sé.
Susana:	¿Lo quieres?
Roberto:	Claro que sí, ¡seguro! Es decir, tal vez, bueno, depende un poco de...
Susana:	¿De qué depende?
Roberto:	¡Humm!, bueno... si me sirve, o, bueno, tú sabes.
Susana:	Mira, Roberto, tengo este regalo para ti porque me gustas, tú eres mi amigo, y eso realmente para mi quiere decir mucho. ¿Lo quieres o no?
Roberto:	Claro, bueno, sí. Sí, quiero el regalo (extendiendo los brazos).
Susana:	¡Qué bueno! ¡Aquí está... (comienza a pasarle el regalo, pero lo reconsidera) Pero pensándolo mejor, no es la gran cosa. ¿Por qué no vienes mañana a recogerlo?
Roberto:	Gracias, Susana... seguro, está bien. Tengo que apurarme, hasta luego.
Susana:	¡Espérate!
Roberto:	¿Y ahora qué pasa?
Susana:	¿No tienes ni una gota de curiosidad?
Roberto:	Claro que sí, pero tengo que conseguir esos boletos (sale corriendo del escenario).
Susana:	(después que Roberto se va) Espero que disfrutes el concierto, si consigues las entradas. Hubiera sido magnífico ir contigo esta noche y sentarnos en la fila del frente (alzando el regalo). ¡Aquí. están tus boletos! Tal vez Carlos quiera ir conmigo. Humm... (sale del escenario por el lado opuesto de Roberto).

— FIN —

SESIÓN CINCO

VIVIR POR CRISTO
Romanos 6:1-23

LA GRAN IDEA
Como te mueres una sola vez, vive ahora por Cristo.

Resumen

Pablo no espera que los lectores hagan objeciones a lo que ha presentado hasta aquí (justificación por fe mediante la gracia), así que entonces él mismo hace las objeciones.

Al proponer, retóricamente, que continuamos rebelándonos para que la gracia abunde, establece el escenario para rechazar lo que Bonhoeffer llamó hace medio siglo la «gracia barata». La gracia nunca es barata, porque Jesucristo pagó por ella con su vida. (Prepárese para contestar, o por lo menos comentar, lo que cualquier estudiante que no esté de acuerdo con Bonhoeffer pueda decir: la gracia, por definición, es realmente barata por cuanto es gratis.) Cuando Pablo relacionó la nueva vida que los creyentes tienen (mediante la fe) con la muerte y resurrección de Jesús, afirmó que ya no estamos más bajo el juicio del pecado, aunque sostiene que permanecemos bajo la influencia y poder del pecado si elegimos vivir en la naturaleza pecaminosa que todavía opera en nosotros. La decisión de vivir por fe es una elección.

Hay una parte importante en el argumento de Pablo digna de mencionarse: «Ahora bien, si hemos muerto con Cristo, confiamos que también viviremos con él» (v. 8), inmediatamente seguido por: «En cuanto a su muerte, murió al pecado una vez y para siempre» (v. 10). Así como Jesús murió una sola vez (nótese la oración en tiempo pasado en ambos versículos), nosotros también morimos una vez, con Cristo. El énfasis de Pablo no consiste en la muerte al pecado una sola vez, sino en reconocer que ahora vivimos en Cristo.

En otras palabras, debido a que mucha de la enseñanza cristiana en este siglo se enfocan en lo que debemos evitar, tenemos la tendencia de pasar por alto lo que llamamos «abrazar», nuestra vida en Cristo.

Este pasaje también contiene una enseñanza importante sobre el bautismo (versículos 3-4). Debido a que las interpretaciones de lo que Pablo quiso decir

MATERIALES NECESARIOS

- ☐ Copias de Bingo: Instrumentos de justicia (p. 58)
- ☐ Marcadores, tijeras, tablilla de anuncios, goma
- ☐ Pizarra blanca y marcadores, o sencillamente papel (opcional, véase Para los más jóvenes (p. 53)
- ☐ Una buena cantidad de periódicos
- ☐ Globos y pitos de fiesta tantos como uno para cada estudiante (para el juego de bingo)
- ☐ Premios para los ganadores de bingo
- ☐ Un líder de la iglesia que pueda informar la interpretación de la iglesia acerca del bautismo (opcional, véase Actividad opcional, p. 52)
- ☐ Copias de Vivir por Cristo (p. 55)
- ☐ Tarjetas de Vivir por Dios (p. 57)
- ☐ La gran idea de esta sesión escrita en una pizarra blanca, cartel, etc.
- ☐ Biblias y lápices (o plumas) para cada estudiante y adulto.
- ☐ Tarjetas de los versículos bíblicos para memorizar (p. 116)

VERSÍCULO

PARA MEMORIZAR

Romanos 6:11

De la misma manera, también ustedes considérense muertos al pecado, pero vivos para Dios en Cristo Jesús.

ACTIVIDAD

OPCIONAL

Invite a uno de los líderes de la iglesia para hablar, unos diez minutos más o menos, acerca de la perspectiva de la iglesia en cuanto al bautismo. El orador puede hacer la presentación antes o durante el tiempo de la Escritura.

varían mucho, asegúrese de entender bien la posición de su iglesia. Si es necesario consulte a los líderes de su congregación antes de explicar esta sesión.

Muchos teólogos interpretan esta enseñanza como una cuadro de la salvación. Bautizarse en el nombre de Jesús es identificarse mediante la fe con su muerte en la cruz y su resurrección. Es un acto de nuestra disposición de morir a nuestro yo, igual que murió Jesús por nosotros. La resurrección de Jesús refleja la nueva vida que tenemos cuando creemos en él. El versículo cinco es un resumen de esta interpretación:

> En realidad, si estamos unidos con él en su muerte,
> sin duda estamos unidos con él en su resurrección.

La segunda mitad de este capítulo es muy práctico. Ya la guerra se ganó («porque el que muere queda liberado del pecado» v. 7); sin embargo, aún tenemos que vivir la nueva vida que tenemos en Cristo («ofrézcanlos (su cuerpo) ahora para servir a la justicia que lleva a la santidad» v. 19).

Luchamos con la influencia de nuestra naturaleza pecaminosa, pero ya no reina en nosotros. (Para obtener más información, lea Gálatas 2, especialmente el versículo 20.)

Antes de la reunión

1. Varios días antes de la lección entregue la hoja de trabajo **Vivir por Cristo** (p. 55) y la **Guía del líder** (p. 56) a los líderes de los grupos pequeños.
2. Escriba **La gran idea** de esta sesión en una pizarra, tablilla de anuncios, cartel, diapositiva, o dondequiera que llame la atención de los estudiantes durante la sesión de enseñanza. Lo ideal es agregar *la gran idea* después de la reunión a una lista acumulativa (en una pared vacía), para que los estudiantes tengan presente lo que estudiaron en Romanos. Si no tiene el espacio en la pared, use el modelo de la página 115 para hacer la diapositiva y proyectarla durante el tiempo del resumen al principio de cada sesión. Solo presente *las grandes ideas* que estudiaron hasta el momento.
3. Reproduzca el modelo de la página 57 para hacer suficientes tarjetas *Vivir para Dios* para entregar una a cada estudiante. (Tal vez quiera hacer copias para el uso semanal, o para otros grupos.)
4. Haga suficientes copias fotostáticas de la hoja **Bingo: Instrumentos de justicia** (p. 58) para los estudiantes.
5. Tenga periódicos, tijeras, cartulinas y goma para repartir tan pronto como termine **Bingo: Instrumentos de justicia.**
6. Nombre a un líder de la iglesia que hable brevemente acerca de la posición de la iglesia en cuanto al bautismo, si está usando esa opción.

Apertura (15 minutos)

Reparta la hoja **Bingo: Instrumentos de justicia** (p. 58) y plumas. Guíe a los adolescentes a hacer las actividades que cumplan con las condiciones de cualquier fila horizontal, vertical o diagonal para hacer un bingo. La persona que sirve debe iniciar el cuadro. Si quiere que el juego dure un poco más, haga que los muchachos completen dos bingos.

Como una variante, puede dividir a los estudiantes en pequeños grupos y solo dejar que se acerquen a otros de su grupo.

Hay dos maneras para determinar quiénes son los ganadores:
- ■ Los primeros cinco ganadores, ganan un premio.
- ■ Todos los que hacen bingo en el límite del tiempo fijado ganan un premio.

Reparta los premios luego de terminar el juego.

Escrituras (30 minutos)

Repase las últimas cuatro *Grandes ideas* y muéstrelas como en lecciones anteriores.

Divida el grupo en equipos de seis estudiantes o menos, por lo menos con un líder adulto en cada grupo. Distribuya tijeras, cartulinas, goma o cinta adhesiva, y varios periódicos para cada grupo. Explique lo siguiente:

Usen los primeros diez minutos para leer Romanos 6:1-23.

Recorten la mayor cantidad de titulares que puedan para comunicar algunos aspectos del pasaje.

Peguen los titulares a sus cartulinas.

Cuando termine el tiempo, pida que cada grupo muestre sus cartulinas a los demás grupos.

Después, distribuya la hoja de trabajo **Vivir por Cristo** (p. 55) y pida a los estudiantes que vuelvan a sus grupos para completarlas.

Aplicación (15 minutos)

Después que los grupos terminen la hoja de trabajo, pida que todos se reunan de nuevo. Presente el versículo para memorizar, reparta las tarjetas con el versículo para memorizar, repase la lección de **La gran idea** y refiérase al cartel.

Reparta la tarjeta **Vivir para Dios** a cada estudiante (p. 57). Promueva un intercambio de ideas sobre las diferentes formas en que pueden vivir para Dios durante esta semana. Déles varios minutos para que escriban una idea individual o del grupo y que estén dispuestos a poner en práctica la próxima semana. Motívelos a mantener las tarjetas con ellos.

En la reunión de la próxima semana, pregunte a los estudiantes cómo les fue con esta tarea.

Termine pidiendo que los líderes oren para que los estudiantes mantengan sus promesas individuales de vivir para Dios durante la semana.

PARA LOS MÁS

JÓVENES

Divida la clase en dos equipos para jugar *Pictionary* (juego de definiciones con cuadros). Se juega así: cada equipo elige diez palabras o conceptos de Romanos 6 que el equipo opuesto tiene que dibujar. El equipo que está dibujando primero manda a un jugador que mire la primera palabra. Él jugador tiene quince segundos para planear el dibujo, después dibuja cuadros para que los compañeros del equipo adivinen la palabra. Está prohibido dibujar números, letras y símbolos como también pistas verbales y gestos. El equipo tiene un minuto para adivinar la respuesta. El premio lo ganará la respuesta correcta. Alterne los jugadores. Premie el equipo con más puntos.

Romanos 6:1-23

Vivir para Cristo

1. Explique en sus palabras, ¿contra qué argumenta Pablo cuando inicia este capítulo?

2. Hay muchos puntos de vista diferentes acerca de lo que Pablo quiso decir cuando escribió sobre el bautismo en los versículos 3-4. Lea los versículos 3-6. ¿Qué está señalando Pablo en los versículos 5-6?

Con esta pregunta en mente, ¿qué significa bautizarse en el nombre de Cristo Jesús?

3. Lea el versículo 6 y observe la alusión que hace Pablo al cuerpo de pecado. Por el contexto sabemos que no se refirió a los cuerpos físicos. ¿A qué cree que se refiere? Explique por qué lo cree así.

4. De acuerdo a los versículos 5-11, ¿cuántas veces se puede morir al pecado?

Ahora lea Gálatas 2:20, que también lo escribió Pablo. Exprese con sus palabras lo que él dijo:

5. Analice con cuidado los versículos 15-23. Circule los números que representen mejor cada declaración.

	CIERTO	LO CREO	NO SÉ	LO CREO FALSO	FALSO
a. Mi cuerpo de pecado está totalmente destruido	1	2	3	4	5
b. El pecado ya no tiene ningún poder para tentarme	1	2	3	4	5
c. Ya no soy más esclavo del pecado, pero el pecado todavía ejerce influencia	1	2	3	4	5
d. Estar muerto al pecado es la verdad legal, descriptiva, pero aún estoy luchando con el pecado	1	2	3	4	5

Use los versículos de Romanos 6 que respalden la verdad de las declaraciones que para usted corresponden al grupo 1 ó 2.

Romanos 6:1-23

Vivir para Cristo

1 Por la forma en que Pablo comenzó su argumento, es como si usted pudiera escuchar dos voces diferentes respondiendo de dos formas distintas a la carta. La primera dice: «Mientras más pecamos, más nos perdona Dios, así que mejor nos divertimos.» La segunda dice: «¡La gracia es importante, pero Dios quiere que todavía trabajemos!» El argumento de Pablo se enfrenta a ambas objeciones.

2 Este asunto debe hablarse y discutirse desde la perspectiva de la tradición y teología de su iglesia. Es un buen momento para que un líder de la iglesia haga esta presentación (véase Actividad opcional, p. 52).

3 La mayoría de la gente cree que el cuerpo de pecado es lo mismo que nuestra naturaleza caída y pecaminosa.

4 Puede parecer obvio preguntar: «¿Cuántas veces usted puede morir al pecado?» Sin embargo, los cristianos hablamos con frecuencia de la respuesta a esta pregunta como si fuéramos a morir una y otra vez a la naturaleza pecaminosa.
La mejor forma de describir la enseñanza bíblica acerca de esto, es decir que morimos una vez a la naturaleza pecaminosa y ahora vivimos para Cristo, con el poder del Espíritu Santo. Luchamos con los efectos del viejo yo, no obstante, una vez que muera no nos controlará más. Si sus estudiantes están confundidos con esto busque con ellos Gálatas 2:20: «He sido crucificado con Cristo, y ya no vivo yo sino que Cristo vive en mí.»

5 Las siguientes respuestas se basan en Romanos 6:15-23:
   a. No, el cuerpo de pecado no está totalmente destruido, sin embargo, su poder sobre nosotros desapareció. Se le llama santificación al proceso de creer más en Jesús y obedecerlo mejor.
   b. Falso en gran escala. Hasta los creyentes con más madurez aprenden constantemente a vivir bajo el control del Espíritu.
   c. Ahora que estamos en Cristo tenemos que escoger entre confiar en Dios, lo cual nos lleva a la recompensa o confiar en nuestra naturaleza pecaminosa, la cual nos conduce a la destrucción. El camino de aprendizaje para hacer la elección correcta es un proceso de toda la vida para todos los cristianos.
   d. Al estar en Cristo, Dios nos declara santos. Aunque siempre lucharemos contra la influencia de la naturaleza pecaminosa, podemos confiar en que Dios nos ayudará en nuestras luchas.

Romanos 6:1-23

TARJETAS VIVIR PARA DIOS

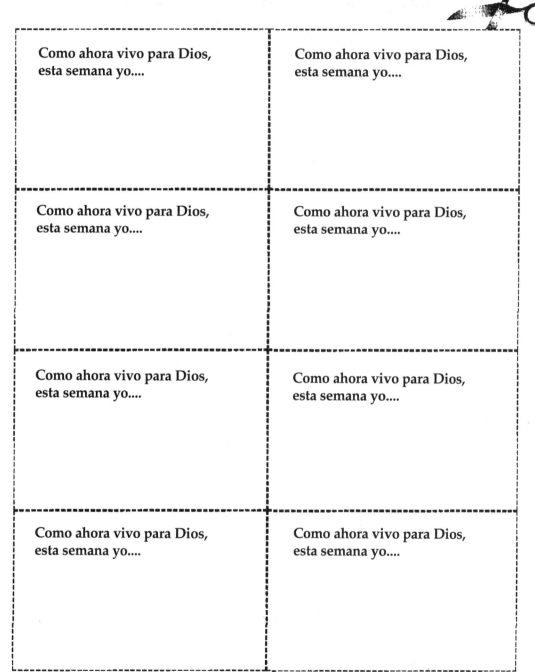

Como ahora vivo para Dios,
esta semana yo....

Como ahora vivo para Dios,
esta semana yo....

Como ahora vivo para Dios,
esta semana yo....

Como ahora vivo para Dios,
esta semana yo....

Como ahora vivo para Dios,
esta semana yo....

Como ahora vivo para Dios,
esta semana yo....

Como ahora vivo para Dios,
esta semana yo....

Como ahora vivo para Dios,
esta semana yo....

Bingo: Instrumentos de justicia

Ofrézcanse más bien a Dios como quienes volvieron de muerte a vida, presentando los miembros de su cuerpo como instrumentos de justicia. Romanos 6:13

Escoja a alguien y llévelo cargado una distancia de tres metros.	Durante treinta segundos baile para alguien.	Busque a alguien a quien no conoce (o que conozca poco) y presénteselo a alguien que no conozcan.	Busque a alguien que parezca estar desanimado y en secreto dígale algo agradable.	Busque a alguien para celebrar. Pídale un pito de fiesta al líder, sóplelo y marche veinte veces alrededor de una persona gritando: «¡Celebra (su nombre)!»
Busque a alguien que se vea cansado y déle un masaje en la espalda durante treinta segundos.	Busque a alguien con zapatos de cordones, desátelos y vuelva a hacer el lazo.	Haga un avioncito de papel y déselo a alguien.	Durante un minuto, sílbele a alguien una canción alegre.	Infle un globo y déselo a alguien que vaya a celebrar su cumpleaños dentro de los dos próximos meses.
Cántele a alguien la primera estrofa de una canción inspiradora.	Haga un poema y recíteselo a alguien.	TIEMPO LIBRE	Durante un minuto cuéntele a alguien acerca de su mejor amigo de la escuela primaria.	Durante un minuto sírvale a alguien de guardaespaldas.
Déle un dólar a alguien.	Averigüe cuál es el color favorito de alguien y entréguele algo suyo con ese color.	Cántele a alguien su canción favorita.	Juegue piedra, papel o tijeras con alguien hasta que uno de los dos gane quince veces.	Busque a la persona que le parezca más feliz, pregúntele por qué está tan feliz y escuche la respuesta.
Menciónele a alguien diez rasgos maravillosos de su personalidad o de su físico.	Déle la mano a alguien cinco veces y grítele ¡Viva! y termine con un aplauso.	Haga cinco preguntas a alguien y, que le contesten, repítales sus respuestas.	Dibuje una obra de arte para otra persona y désela.	Monte en su espalda a alguien y déle una vuelta en un espacio de siete metros.

SESIÓN SEIS

LA LUCHA DEL PECADO
Romanos 7:1-25

LA GRAN IDEA
El pecado es una batalla, pero ya la guerra se ganó.

Resumen

En la primera de las dos secciones de este capítulo, Pablo termina su discusión acerca del pecado y la ley con una ilustración del matrimonio.

El problema del lector moderno es entender el contexto del primer siglo, de los comentarios de Pablo, acerca del matrimonio. En el presente, por lo general, una mujer divorciada no se considera adúltera si se casa con otro hombre aunque su ex esposo esté vivo. Pero en tiempo de Pablo, a una mujer divorciada se le prohibía volver a casarse. Si esto se entiende, tiene sentido la ilustración de cómo la muerte cambia las reglas.

(Aunque Pablo continúa con este tema hasta el versículo 13, el versículo 6 es un excelente resumen de varios de los últimos capítulos: «Pero ahora, al morir a lo que nos tenía subyugados, hemos quedado libres de la ley, a fin de servir a Dios con el nuevo poder que nos da el Espíritu, y no por medio del antiguo mandamiento escrito.») La segunda sección de este capítulo, que comienza en el versículo 14, tal vez sea el pasaje más debatido en todo el libro de Romanos. El problema puede ser que lo que él escribe no parece encajar con el mensaje del libro: «Aunque deseo hacer lo bueno, no soy capaz de hacerlo», es el llanto de Pablo en el versículo 18, aunque en el resto de la carta expresa confianza en su justificación en Cristo.

A medida que lee esta sección, considere que quizá Pablo habla en lugar de aquellos a los que está tratando de convencer. Es plausible que el apóstol esté hablando desde la perspectiva del creyente que ama a Jesucristo y que está bajo la gracia, sin embargo, trata de satisfacer las demandas de la ley con su propio esfuerzo.

Por otro lado, otros arguyen que Pablo unifica el dilema humano: aunque un hombre sea justificado por Cristo, aún no parece ser capaz de vivir de acuerdo al llamado como desea.

MATERIALES
necesarios

- Televisión, videocasetera y el vídeo *La novia princesa* (1987, PG)
- Pizarra blanca y marcadores
- Una variedad de revistas (corrientes, no cristianas)
- Unas cuantas tijeras y rollos de cinta adhesiva y cartulinas
- Copias de ¡Ya la guerra se ganó! (p. 63)
- Cintas vídeos caseras de una variedad de comerciales de televisión (opcional, véase Para los más jóvenes, p. 61)
- Un vídeo de un estudiante que sea graduado de su grupo leyendo Romanos 7
- Copias de Contrato con Dios (p. 65)
- Un solista que cante: «Sublime gracia» (o escuchen el himno en una cinta o CD)
- La gran idea de esta sesión escrita en una pizarra blanca, cartel, etc.
- Biblias y lápices (o plumas) para cada estudiante y adulto.
- Tarjetas de los versículos bíblicos para memorizar (p. 116)

De cualquier forma, Pablo es un maestro en preparar a los lectores para que en los próximos capítulos aprendan cómo vivir por fe y no por obras.

Antes de la reunión

1. Haga arreglos para grabar un vídeo de un ex estudiante (de más edad que los de su grupo) que lea Romanos 7:1-25. Antes de mostrar el vídeo a los estudiantes, asegúrese de que la calidad sea buena.

2. Grabe algunos comerciales de televisión como se describe en la pág. 61, si escoge hacer la opción de **Para los más jóvenes.**

3. Vea el vídeo *The Princess Bride* [La novia princesa] para determinar si será conveniente para el grupo. En el contador digital de la videocasetera abarca el segmento del 20:90 al 23:76. Esta es la escena en la cual el héroe, Wesley, desafía al malvado secuestrador en una batalla de ingenio para ver quién da a quién la taza que tiene el veneno. Para preparar el contador, póngalo en 00:00 donde aparece el primer crédito. Páselo hasta 20:90. Ajuste donde empieza la escena descrita y el sonido antes que lleguen los estudiantes.
   Trate de ver toda la película una semana antes de la sesión; esto aumentará el impacto que causará esta escena en los estudiantes durante la sesión de enseñanza.

4. Una semana antes de la lección, entregue a los líderes de grupos pequeños **¡Ya la guerra se ganó!** (p. 63) y **Guía del líder** (p. 64).

5. Escriba *la gran idea* de esta sesión en una pizarra, tablilla de anuncios, cartel, diapositiva, o dondequiera que llame la atención de los estudiantes durante la sesión de enseñanza. Lo ideal es agregarla después de la reunión a la lista acumulativa (en una pared vacía) para que los estudiantes puedan tener presente lo que estudiaron en Romanos. Si no tiene el espacio en la pared, use el modelo de la página 115 para hacer la diapositiva y proyectarla durante el tiempo del resumen al principio de cada sesión. Solo muestre *las grandes ideas* que estudiaron hasta el momento.

6. Tenga a mano las revistas, tijeras, cartulinas y cintas para repartirlas tan pronto terminen los comentarios sobre las tentaciones. Tenga materiales suficientes para que cada grupo pequeño tenga lo suyo.

7. Pida a un solista que cante «Sublime gracia» al final de la lección. Si no es posible, busque una cinta o disco compacto para que puedan escucharlo.

Apertura (10 minutos)

Muestre el episodio de *La novia princesa*.

Intercambie ideas con el grupo sobre las luchas que encaran los jóvenes y enumérelas en la pizarra. Al poco rato de comenzar, haga los comentarios de las tentaciones que los estudiantes cristianos enfrentan hoy.

Para escoger las cinco tentaciones principales, entregue a cada estudiante tres votos. Pueden votar por una tentación con tres votos, tres tentaciones diferentes con un voto cada una o cualquier combinación que sume tres. Los estudiantes pueden votar señalando con los dedos el número deseado a medida que se anuncie cada tentación. Lleve la cuenta de los votos en la pizarra.

Cuando termine, haga una nueva lista de las cinco primeras.

Actividad: Cartel (15 minutos)

Haga una transición diciendo algo como esto:

Una de las principales fuentes de tentación es el gran número de mensajes poco saludables con que nos bombardean todos los días a través de los medios de comunicación. La versión de la vida moderna del sueño americano es que, con dinero y el esfuerzo suficiente, podemos hacer o tener todo lo que queramos. Si logramos esto, estaremos felices y realizados.

Divida a los estudiantes en grupos pequeños (no más de cinco por grupo) y un líder adulto en cada uno. Entregue a cada grupo algunas revistas, tijeras, cartulinas y cinta adhesiva.

Déles cinco minutos para buscar un anuncio que tiente al creyente a confiar en sí mismo (no en Jesús) para realizarse en la vida. Recórtelo, péguelo a un cartel y escriba unas cuantas palabras como un título. Si tiene suficiente tiempo, agregue uno o dos más.

Después que cada grupo tenga por lo menos uno, pida a un voluntario de cada grupo que pase al frente para mostrar lo que encontraron.

Después que todos los grupos enseñen su trabajo, dé la oportunidad para que reflexionen en lo que hallaron. Haga preguntas como estas:

- ¿Qué aprendiste haciendo esto?
- ¿Qué pensamientos atesorarás en tu corazón?

Cuando terminen los comentarios, lea esta cita del libro de Donald McCullough, *Waking from the American Dream* [Despertar del sueño americano], InterVarsity Press, 1988:

Vivimos en una cultura que nos dice que nuestros sueños pueden ser realidad con suficiente trabajo y mentalidad positiva. Pero de un momento a otro, despertamos a la realidad. Aprendemos a menudo en forma muy dolorosa que no siempre podemos tener todo lo que desesperadamente queremos. Quizá un matrimonio nos deja más solitarios de lo que jamás imaginamos o una vida de soltero se convierte en una prisión de la que no podemos escapar; quizá los deseos sexuales quedan frustrados o nuestra superación académica se interrumpe; la salud nos evade o Dios parece haberse encerrado en un cielo sin respuestas. El desencanto viene en una variedad de formas que pueden acabar fácilmente con nosotros.

PARA LOS MÁS JÓVENES

Muestre algunos comerciales de la televisión pregrabados que tengan poder de influenciar las actitudes de los estudiantes y actividades acerca de las relaciones sexuales, ropa, imagen propia y dinero. Comente lo que cada comercial comunica en cuanto a confiar en Dios para nuestro cumplimiento o alegría en la vida.

VERSÍCULO

PARA MEMORIZAR

Romanos 7:4

Así mismo, hermanos míos, ustedes murieron a la ley mediante el cuerpo crucificado de Cristo, a fin de pertenecer al que fue levantado de entre los muertos. De este modo daremos fruto para Dios.

Continúe con comentarios así:

Constantemente tenemos la tentación de ir por nuestro propio camino, pero Dios dice que solo hay un camino. Veamos la Biblia para ver cuál es.

Escrituras (25 minutos)

Repase *la gran idea* y exponga el cartel.

Muestre el vídeo del exestudiante leyendo Romanos 7:1-25 mientras que los demás siguen la lectura en sus Biblias.

Divida a los estudiantes en grupos de cinco o menos estudiantes con un adulto por grupo. Pídales que completen **¡Ya la guerra se ganó!** (p. 63)

Aplicación (10 minutos)

Después de volver a unir la clase, presente el versículo para memorizar y reparta las tarjetas con el nuevo versículo. Repase *la gran idea* y refiérase al cartel.

Distribuya el **Contrato con Dios** (p. 65) y deje que los estudiantes lo completen en unos cuantos minutos.

Para terminar en oración, pida que la solista cante «Sublime gracia» a cappella, o deje oír una versión grabada con la canción.

Romanos 7:1-25

¡Ya se ganó la guerra!

1. Escriba con sus palabras, el argumento de Pablo en los versículos 1-3. (En la cultura de Pablo, a las mujeres divorciadas no les estaba permitido volverse a casar hasta que su ex esposo muriera.)

2. En el versículo 4 Pablo escribe: «Ustedes murieron a la ley mediante el cuerpo crucificado de Cristo.» Algunas veces la frase «el cuerpo de Cristo» se refiere a la iglesia, pero en este pasaje se refiere a la muerte de Jesús. Cuando reconocemos que Jesús murió en nuestro lugar, que nosotros somos los que debíamos ser castigados por nuestros pecados y que Jesús no hizo nada malo, entonces vivimos por el Espíritu, no bajo la ley.

Con esto en mente, lea los versículos 4-6 y encierre en un círculo la respuesta adecuada:

¿Creo que Jesús murió por mí?	Sí	No estoy seguro	No
¿Dejé de vivir por la ley?	Sí	No estoy seguro	No
¿Pertenezco a Cristo?	Sí	No estoy seguro	No

¿Cómo se siente con estas preguntas? ¿Por qué?

3. Podemos deleitarnos en la ley de Dios, pero no podemos cumplirla por nuestra cuenta. La debilidad de la ley es que no nos capacita para cumplirla. No nos da ningún poder. Solo obtenemos el poder por la victoria del Espíritu de Dios.

Marque con una X su situación:

Lucha por mi cuenta　　←———— Familia ————→　　**Respuesta al Espíritu**
←———— Escuela ————→
←———— Vida social ————→
←———— Fe ————→
←———— Pensamientos ————→

4. Repase las respuestas a la pregunta 3. ¿Cuál es la mayor lucha que tiene ahora? (Use códigos si quiere mantenerla en privado.)

Lea Romanos 7:24-25. ¿Cómo puede rescatarlo Jesús de su lucha?

Romanos 7:1-25

¡Ya se ganó la guerra!

GUÍA DEL LÍDER

Los estudiantes deben completar la hoja de trabajo individualmente. Después que todos terminen, haga todas las preguntas al grupo.

1   De acuerdo a la interpretación de la ley judía durante la época de Pablo, a una mujer no se le permitía casarse de nuevo, aunque se divorciara, mientras su esposo estuviera vivo. (La mayoría de los comentaristas judíos modernos rechazan esta interpretación.) Para la audiencia de Pablo esto era una ilustración convincente.

2   Este pasaje presenta algunos conceptos difíciles. La respuesta de los estudiantes le dará algunas buenas ideas de cuánto entienden. La primera pregunta refleja la idea de que la muerte de Jesús es por cada individuo. La segunda se refiere a lo que nos separa de Dios (el asunto de las lecciones recientes). La tercera pregunta pide la respuesta personal de los estudiantes.

3 y 4   Romanos 7 se aplica personalmente en estas dos preguntas. Si los estudiantes tienen dudas de contar lo que escribieron, hágales preguntas más generales:

- ¿Les costó mucho trabajo responder a estas preguntas?
- ¿Cuál es la diferencia entre luchar por mi cuenta y responder al Espíritu?
- ¿Cómo puede Jesucristo rescatarnos de nuestras luchas?

Romanos 7:1-25
PACTO CON DIOS

La única cosa que haré esta semana para permitir que Dios me cambie desde lo más profundo de mi ser:

Aun más, hablaré con _____ esta semana para que me ayude en este pacto.
(nombre)

Me encontraré con esta persona antes de: _____
(fecha)

Le pediré que:

Firma_____Fecha_____

SESIÓN SIETE

MÁS QUE VENCEDORES
Romanos 8:1-39

LA GRAN IDEA
En Cristo somos más que vencedores.

MATERIALES NECESARIOS

- Plumas, tarjetas 3" x 5", cinta adhesiva, marcadores
- Uno o dos premios para los Juegos de Apertura (p. 68)
- Pizarra blanca y marcadores
- Caramelos (opcional; véase Para los más jóvenes, p. 69)
- Copias de ¡Más que vencedores! (p. 71)
- Copias de Gráfica Gracia (p. 73)
- La gran idea de esta sesión escrita en la pizarra blanca, cartel, etc.
- Biblias y lápices (o plumas) para todos los estudiantes y adultos
- Tarjetas de los versículos bíblicos para memorizar (p. 116)

Resumen

Romanos 8 es uno de los capítulos clásicos que infunden aliento en la Biblia. Pablo comienza con un resumen poderoso de la fe en Cristo: «Por lo tanto, ya no hay ninguna condenación para los que están unidos a Cristo Jesús.» Después, explica cómo la gracia afecta nuestra batalla con el pecado. Los versículos 3-17 definen la diferencia entre un creyente y un incrédulo: los incrédulos no tienen el Espíritu de Cristo; los creyentes sí. Su descripción, en los versículos 9-10, es la razón por la que algunos se refieren a la profesión de fe como «invitar a Cristo a su vida».

De cualquier forma que usted interprete este concepto, la descripción y el significado de Pablo son claros. El Espíritu vive en aquellos que son justificados por la fe, y los que no, no poseen el Espíritu.

Aquellos que tienen el Espíritu de Dios son sus hijos, con una relación paternal plena con Dios (saludable e íntima). Le llamamos papaíto, Abba.

Debido a nuestra íntima relación con él, también tendremos parte en los sufrimientos de Cristo.

El presente sufrimiento del que habla Pablo en los versículos 18-25 es objeto de gran interés como también de conjeturas teológicas. La **Guía del Líder** (p. 72) comenta diferentes interpretaciones del sufrimiento por Jesús, pero el pasaje no nos da suficiente información para llegar a una conclusión firme.

Los versículos 26 y 27 contienen una extraordinaria verdad que es fácil pasar por alto y que vale la pena prestarle atención: Dios el Espíritu Santo ruega por nosotros.

¿Cómo es posible? ¿Qué significa esto? Aunque solo podemos conjeturar las respuestas, está claro que Dios se ocupa tanto de nosotros que la provisión de oración es cubierta personalmente en el corazón de Dios.

VERSÍCULO

PARA MEMORIZAR

Romanos 8:31

¿Qué diremos frente a esto?
Si Dios está de nuestra
parte, ¿quién puede estar en
contra nuestra?

Pablo termina este capítulo lleno de entusiasmo. El versículo 31 parece ser el punto principal del texto: «Si Dios está de nuestra parte, ¿quién puede estar en contra nuestra?» Pablo está convencido de que el amor de Dios puede superar cualquier obstáculo que intente impedir que seamos hijos suyos.

Antes de la reunión

1. Una semana antes de la lección, entregue a los líderes de grupos pequeños la hoja de trabajo **¡Más que vencedores!** (p. 71) y su **Guía para el Líder** (p. 72).

2. Escriba **La gran idea** de esta sesión en una pizarra, tablilla de anuncios, cartel, diapositiva, o dondequiera que atraiga la atención de los estudiantes durante la sesión de enseñanza. Lo ideal es agregar *la gran idea* después de la reunión a la lista acumulativa (una pared vacía) para que los estudiantes tengan presente los estudios anteriores. Si no tiene el espacio en la pared, use el modelo de la página 115 para hacer la diapositiva y proyectarla durante el tiempo del resumen al principio de cada sesión. Solo descubra *las grandes ideas* que estudiaron hasta el momento.

3. En tarjetas de 3" x 5", escriba nombres de deportes hasta que tenga una para cada estudiante, mientras más desconocidos mejor (polo, o pelota vasca, bádminton, carrera de obstáculos, cricket, ping pong, etc.). Pegue cada tarjeta debajo del asiento.

4. Nombre líderes adultos que lean Romanos 8 estilo *palomitas de maíz* (véase **Escrituras**, p. 69)

Apertura (10 minutos)

Comience esta sesión jugando *El fanático adivina*. Pida a los estudiantes que se sienten en las sillas que tienen las tarjetas pegadas por debajo. Explique el juego así:

Gracias a las maravillas de la tecnología moderna cada uno de ustedes es ahora, lo sepan o no, un fanático entusiasta. En un minuto, recibirán una tarjeta que les dirá el nombre del deporte que les gusta tanto. Tan pronto como tengan la tarjeta comienza el juego. Sigan estas reglas:

■ **El juego tiene dos objetivos: (1) mantengan en secreto su deporte el mayor tiempo que puedan, y (2) adivinen los deportes de los demás, tantos como les sea posible.**

■ **Cuando comience el juego acérquense a los que quieran y háganles preguntas de sí o no, del deporte de ellos. Pueden hacerle hasta cinco preguntas a cada jugador.**

■ **Cuando crean saber el deporte de alguien, adivínenlo. Si es correcto, pida que escriban el nombre suyo en la tarjeta de ellos. Sigan tratando de adivinar los deportes de los demás. Si se equivocan, ya no le pueden hacer más preguntas a la misma persona.**

Juegue *trivia de caramelos*. Prepare una lista de preguntas triviales, algunas relacionadas a la gran idea con los temas estudiados hasta ahora y otros que sean de interés general para los estudiantes (deportes, programas de la escuela, actividades de la comunidad, etc.).

Después de leer la pregunta trivia, escoja al primer estudiante que en silencio levante la mano. Si el estudiante contesta correctamente, se le premia con un caramelo y no puede contestar ninguna otra pregunta. Si no contesta correctamente, sigue jugando.

Cualquiera que falle una respuesta será descalificado.

Muestre los carteles de la gran idea correspondiente a la pregunta cuando la conteste correctamente.

No use las preguntas triviales de la gran idea en orden

LECCIÓN	PREGUNTAS	RESPUESTAS
1	¿Qué nos da confianza?	Dios está obrando en nosotros
2	¿Cuál es el escape de nuestra rebelión contra Dios?	Fe
3	_____ es mi trabajo, cambiarme a mí, es trabajo de Dios.	Fe o confianza o creencia
4	La fe verdadera trae_____	Paz con Dios
5	¿Cuán a menudo morimos a nuestra naturaleza pecaminosa?	Solo una vez (ahora vivimos por Dios)
6	El pecado es una batalla, pero _____	¡Ya la guerra se ganó!

Comience el juego y déjelos jugar durante cinco minutos. Sume los resultados y premie a quien adivinó más deportes.

Deje que los estudiantes intercambien ideas sobre las características de un fanático entusiasta. Haga una lista de estas ideas en su pizarra.

Escrituras (30 minutos)

Repase las últimas seis *grandes ideas* y exhíbalas en un cartel como hizo anteriormente.

Los estudiantes deben abrir sus Biblias en Romanos 8 y seguir la lectura con los líderes adultos al estilo palomitas de maíz. En qué consiste esto. Uno se para y lee varios versículos; después otro se para y lee algunos más. Continúe de esa forma hasta que se lea todo el pasaje. Designe por adelantado a los que leerán los versículos para que puedan practicar la lectura antes de la sesión.

Divida a los estudiantes en grupos pequeños con un adulto por lo menos en cada grupo para completar el volante **¡Más que vencedores!** (p. 71).

Aplicación (20 minutos)

Reúna a los estudiantes para presentar el versículo a memorizar y reparta las tarjetas con los versículos.

Repase *la gran idea* y refiérase al cartel. Haga una transición para la actividad de la aplicación preguntando a los muchachos cuán profundamente permiten que esta verdad penetre en ellos.

Reparta la hoja de trabajo **Gráfica Gracia** (p. 73) y pida a los muchachos que completen todo menos la receta.

Cuando terminen, intercambie algunas ideas específicas para mejorar el puntaje. Apúntelas todas en la pizarra. Permita que los estudiantes escojan una idea que pueda mejorar sus autodiagnósticos y escríbala como la receta con tres pasos de acciones específicas que deben seguir. Déles algunos ejemplos, como hablar a un amigo o miembro de la familia a quien rendir cuentas, o escribir el nombre de un amigo para pedirle perdón.

Terminar con una oración los unos por los otros para que sigan los planes de la receta esta semana.

Romanos 8:1-39
¡Más que vencedores!

1. Los versículos 1-4 son un resumen de los siete capítulos anteriores. En el siguiente espacio, dibuje cuadros que reflejen de qué tratan estos versículos. Puede agregar un titular si lo desea.

2. ¿Qué nombre usa Pablo para el Espíritu Santo en cada uno de los siguientes versículos?
Versículo 4

Versículo 9 (tres nombres)

Versículo 11

Versículo 14

¿Qué razón hay para usar todos estos nombres?

3. ¿Que tipo de persona es controlada por el Espíritu?

¿Qué tipo de persona es controlada por la naturaleza pecaminosa?

¿Tienen todos el Espíritu?
(Marque uno)
❑ Sí   ❑ No
¿Por qué sí o no?

4. Diga tres ejemplos de la creación gimiendo por la «corrupción que la esclaviza» (por ejemplo, terremotos).

1.

2.

3.

5. Lea los versículos 31-39. ¿Qué significa para usted «Dios está de nuestra parte»?

6. Termine la siguiente oración: En Cristo, soy más que vencedor porque...

¡Más que vencedores!

GUÍA DEL LÍDER

Debido a que la gran idea: «En Cristo, somos más que vencedores!» es un grito de victoria, esta lección se propone ser un aliento poderoso en crescendo.

1 Esta es su oportunidad para asegurarse que los estudiantes estén listos para dar un brinco de la primera a la segunda mitad de Romanos. Si tiene nuevos estudiantes o si a alguno de los jóvenes le cuesta trabajo recordar de qué lección se trata, tome unos segundos para hacer un repaso. Deje que los estudiantes respondan cada uno la pregunta y luego muéstreles los dibujos si lo desean. Después que termine con estas preguntas, los jóvenes pueden completar el resto de la hoja de trabajo solos.

2 Aquí están los nombres del Espíritu Santo:

Versículo	Nombre
4	El Espíritu
9	El Espíritu, El Espíritu de Dios, El Espíritu de Cristo
11	El Espíritu
14	El Espíritu de Dios

Los tres son nombres diferentes para el mismo Espíritu, el Espíritu Santo quien es la tercera persona de la Trinidad. Aunque la doctrina de la Trinidad aún no se había desarrollado, no hay duda alguna de que la idea de la Trinidad estaba en la mente de Pablo.

3 De acuerdo al pasaje, los que tienen el Espíritu viviendo en ellos, están controlados por el Espíritu y son hijos de Dios. Por el contrario, los que no tienen el Espíritu están controlados por su naturaleza pecaminosa.
Aunque varias tradiciones de la iglesia difieren en cuanto al significado exacto de este pasaje, Pablo hace una distinción clara entre los que tienen el Espíritu y los que no lo tienen. En su mayoría el cristianismo histórico afirma que aquellos que creen en Jesucristo mediante la fe reciben el don del Espíritu Santo.

4 Pablo revela que toda la creación gime, se está deteriorando, hasta que Jesús vuelva. Pero también nos anima con la esperanza de que algún día Dios hará todo nuevo. Mientras todos esperamos, Dios está cuidándonos: Dios, el Espíritu Santo, constantemente intercede con Dios el Padre a nuestro favor (vv. 26-27).

5 Lea los versículos 31-39. ¿Qué significa para usted que Dios está de nuestra parte? Si sus adolescentes están en dificultades, pregúnteles: «¿Dónde necesita que Dios esté de su parte? En qué parte siente la necesidad de que un entusiasta lo anime». Ayude a estos jovencitos a entender que no tienen por qué temer porque el amor de Dios está de nuestra parte.

6 Pida a los estudiantes que terminen la oración y digan sus respuestas al resto del grupo.

Romanos 8:1-39

Gráfica Gracia

Coloque una X en las líneas indicando dónde está. Incluya una breve explicación en el espacio correspondiente

Temperatura 90º $\longleftrightarrow$ 108º
¡Tengo fiebre por Jesús!

Cabeza ¡De ninguna manera! $\longleftrightarrow$ ¡Absolutamente!
¡Jesús es mi gran fanático!

Corazón Casi nunca $\longleftrightarrow$ Regularmente
¡Estoy experimentando el amor de Dios en mi vida!

Manos Casi nunca $\longleftrightarrow$ Regularmente
¡Obedezco a Dios porque me ama!

Salud en general ¡Yo no! $\longleftrightarrow$ ¡Convencido!
¡Soy un conquistador!

Diagnóstico: (¿Cuál es mi condición?)

Receta: (¿Qué puedo hacer esta semana para mejorar mi condición?)

SESIÓN OCHO

MATERIALES NECESARIOS

- Hojas de papel
- Pizarra blanca y marcadores
- Tres premios para Juego de apertura (p. 76)
- Copias de ¡Adheridos a la vid! (p. 79)
- Planta en un tiesto con una bola compleja de raíces (véase Antes de la reunión, página 76, punto 3)
- La gran idea de esta sesión escrita en una pizarra blanca, cartel, etc.
- Biblias y lápices (o plumas) para cada estudiante y adulto.
- Tarjetas de los versículos bíblicos para memorizar (p. 116)

LA RAÍZ NOS SOSTIENE
Romanos 9:1—11:36

LA GRAN IDEA
No sostenemos la raíz, ella es la que nos sostiene

Resumen

Pablo agonizó por el destino de los israelitas, que siempre se consideraron los favorecidos de Dios por su cuidadosa adherencia a la ley. Aunque Pablo amaba profundamente a la gente de su raza, tenía la obligación de presentar la verdad que Dios le reveló por el Espíritu Santo (nótese el detalle tan esmerado con el cual explica estas verdades).

Como lo enseña Pablo, la verdadera familia de Israel no lo es por el nacimiento, sino por la fe.

No todos los que descienden de Israel son Israel (9:6).

La muerte y resurrección de Jesús cambió nuestra *comprensión* de la promesa, no la promesa misma, hecha a Abraham para sus hijos.

Los hijos de Dios no son los descendientes naturales; más bien, se considera descendencia de Abraham a los hijos de la promesa (9:8).

Como Pablo anticipó una fuerte reacción a esta enseñanza (la que hasta el día de hoy continúa), sigue hasta extenderse a una presentación muy limitada e incompleta de la divina elección.

Así que Dios tiene misericordia de quien él quiere tenerla, y endurece a quien él quiere endurecer (9:18).

Y no concluye ahí. En la próxima sección Pablo dirige esta severa represión a los que piensan que esto es una injusticia divina:

¿Quién eres tú para pedirle cuentas a Dios? (9:20).

Una de las razones que Pablo tenía para escribir esta carta era explicar la decisión de Dios para llevar la salvación a los gentiles como también a los judíos. Era difícil para los judíos asimilar esto, pero Pablo afirma el derecho de Dios de tener misericordia con quien escoja.

Los que sostienen enérgicas opiniones acerca de la elección divina a menudo señalan a Romanos 9 o Romanos 10, el primero como evidencia precisa de la predestinación (la decisión de Dios acerca de quién será salvo y quién no, véase 9:16-22), y Romanos 10 para apoyar el libre albedrío y la responsabilidad humana (versículos 9-15).

Otros interpretan que los comentarios de Pablo significan que Israel y los gentiles son entidades (véase 10:16-21 y el capítulo 11). Él no estaba definiendo o intentando aclarar la complejidad y misterio de la paradoja entre el libre albedrío y la predestinación.

Cuando Pablo escribe en Romanos 11:26 que todo Israel será salvo, está resumiendo los primeros once capítulos del libro al afirmar que, de acuerdo a una interpretación común, serán salvos todos los que estén justificados por fe en la muerte y resurrección de Cristo Jesús, sean judíos o gentiles. Otros consideran que todos los que sean descendientes *biológicamente* de los judíos de alguna forma vendrán a la fe en Cristo.

En todo caso, los capítulos 9-11 permanecen unidos (es por eso que esta lección cubre los tres) si vamos a entender bien el mensaje de Pablo: somos salvos por fe, no por la herencia, cultura o esfuerzo humano.

Antes de la reunión

1. Una semana antes de la lección, entregue a los líderes de grupos pequeños la hoja de trabajo **¡Adheridos a la vid!** (p. 79) y su **Guía para el líder** (p. 80).
2. Escriba la **La gran idea** de esta sesión en una pizarra, tablilla de anuncios, cartel, diapositiva, o dondequiera que atraiga la atención de los estudiantes durante la sesión de enseñanza. Lo ideal es agregarla después de la reunión a la lista acumulativa (en una pared) para que los estudiantes tengan presente lo que estudiaron en Romanos. Si no tiene el espacio en la pared, use el modelo de la página 115 para hacer la diapositiva y proyectarla durante el tiempo del resumen al principio de cada sesión Solo revele *las grandes ideas* que hayan estudiado hasta el momento.
3. Consiga una planta, en una maceta, cuya raíz tenga más volumen que la planta misma. (En cualquier vivero o tienda de jardinería la puede conseguir.)
4. Nombre a un estudiante que practique y lea Juan 15:1-8.

Apertura (5 minutos)

Desarrolle el juego ¿Tienes tú lo que yo tengo? Reparta papel y plumas. Pida que cada joven haga un equipo con otro joven que no conozca mucho (si es posible) para hacer una lista de las cosas poco comunes que ambos tengan. Los dos jovencitos necesitan tener una copia de la lista.

Ponga ejemplos de cosas comunes, como una cama o un escritorio. Entonces mencione algunas cosas que sean poco comunes, como una guitarra eléctrica o una lagartija.

Después de un rato, cada uno debe buscar un nuevo compañero y continuar enumerando cosas que tenga en común con el nuevo compañero, pero la nueva regla es que no pueden repetir nada de lo que esté en la lista.

Después de cambiar cuatro o cinco veces, pida que todos se sienten y sumen el total de cosas que tienen en su lista. Pida que los que tengan dos o más cosas en común se pongan de pie. Comience a investigar la lista más larga pidiendo a los que tengan menos de cuatro que se sienten, luego seis o menos. Repita este proceso hasta que le queden tres personas. Deje que cada uno lea su lista. Los asistentes pueden vocear (buu) si alguna cosa es muy ordinaria.

Premie a los tres que tengan la lista más grande.

Escrituras (25 minutos)

Repase las grandes ideas anteriores y exhiba el cartel.

Divida a los estudiantes en grupos de cinco con un adulto, por lo menos, en cada grupo y asígneles la siguiente sección.

Grupo	Pasaje
1	Romanos 9:1-18
2	Romanos 9:19-33
3	Romanos 10:1-21
4	Romanos 11:1-21
5	Romanos 11:22-36

Después que el grupo lea la parte correspondiente como ellos prefieran, los estudiantes deben elegir juntos un versículo clave (resumen) y escribirlo en un pedazo de papel (que usted puede pasar junto con las plumas y la hoja de trabajo **¡Adheridos a la vid!** (p. 79) mientras están leyendo). Tendrán cinco minutos para esta parte.

Después de volver a reunir todo el grupo, pida a un voluntario por grupo que presente su versículo clave. Todos deben escribir las referencias de los versículos clave y un resumen de lo que dice el versículo.

Regrese a los grupos pequeños para completar **¡Adheridos a la vid!**

Actividad: Lección práctica (10 minutos)

Vuelva a reunir el grupo. Muestre una planta en su tiesto, cuyas raíces sean más grandes que la planta que sale de la superficie de la tierra. Pida que los estudiante describan lo que ven. Entonces saque la planta del tiesto y muestre la raíz relativamente grande. Durante unos minutos hable acerca de la función de las raíces, cómo canalizan los alimentos y el agua hacia la planta y cómo brindan el apoyo físico.

Pida que un voluntario lea Romanos 11:17-24 al grupo.

Pregunte: ¿Qué relaciones pueden ver entre la planta, tanto la raíz como el tronco, y el pasaje que acabamos de oír?

Ideas que se pueden incluir: las raíces se extienden a lo ancho y profundo de la tierra igual que nuestra fe es profunda y rica; existen muchas ramas, al igual que existen muchos creyentes (algunos judíos, algunos gentiles); la raíz sostiene las ramas igual que Dios nos sostiene.

VERSÍCULO

PARA MEMORIZAR

Romanos 11:33

¡Qué profundas son las riquezas de la sabiduría y del conocimiento de Dios!

Aplicación (20 minutos)

Pida a un voluntario que lea Juan 15:1-8.

Haga un intercambio de ideas acerca de cómo las hojas de las plantas necesitan el tallo y las raíces para estar saludables. Escriba todas las ideas en una lista al lado izquierdo de la pizarra. Al lado derecho de la pizarra, escriba cómo cada una de estas ideas corroboran la gran necesidad que tenemos del tallo (que es Jesús) y las raíces. Por ejemplo, una planta necesita del tallo y la raíz para mantenerse y no caer, nosotros necesitamos a Jesús y el cuerpo de Cristo para mantenernos estables y en pie.

Presente el versículo para memorizar, reparta las tarjetas con el nuevo versículo, repase la gran idea y refiérase al cartel.

El líder debe decir un motivo de oración para que un estudiante ore y así finalizar la reunión. Puede anunciar otros motivos periódicamente: los padres, otros miembros de la familia, pastores, maestra de la escuela y administradores de la escuela.

Romanos 9:1-11:36

¡Adheridos a la vid!

1. Escriba el versículo clave que trajo cada grupo, y resuma ese versículo con sus propias palabras.

PASAJE	VERSÍCULO CLAVE	MI VERSIÓN
9:1-18		
9:18-33		
10:1-21		
11:1-21		
11:22-36		

2. Romanos 9:18 declara: «[Dios] endurece a quien él quiere endurecer.» Aunque este pasaje puede parecer molesto, no hay ejemplo en la Palabra de Dios donde se endurezca el corazón de alguien en contra de su voluntad. Todos ellos se rebelaban contra el Señor. Muchas personas creen que el endurecimiento de Dios es el resultado natural de un corazón terco y rebelde. Escriba una forma específica en que pueda endurecer su corazón en una o dos de las siguientes áreas:

Vida familiar

Vida social

Vida escolar

Vida de pensamientos

Fe

3. Lea 11:17-24. ¿Qué significa esto cuando una planta verdadera tiene ramas injertadas?

Lea Juan 15:1-8. Completa la siguiente oración:

_____soy la vid, y _____ son las ramas.

De acuerdo a Romanos 11:22, ¿cómo permanecemos conectados a la vid?
¿Qué significa esto?

¿Quiénes son las ramas silvestres (naturales)? ❏ Gentiles ❏ Judíos
¿Quiénes están injertados en las ramas cultivadas? ❏ Gentiles ❏ Judíos

4. La raíz, tanto para los creyentes judíos como para los gentiles, es la misma. Dios obró mediante Israel para traer el evangelio a todo el pueblo. Romanos 11:18 dice: «No te vayas a creer mejor que las ramas originales.»
¿A quién le está hablando Pablo?

¿Qué quiere decir él?

¿Por qué se jactaría alguien?

Romanos 9:1-11:36

¡Adheridos a la vid!

GUÍA DEL LÍDER

1   Comente los cinco versículos clave y los resúmenes de los estudiantes. Asegúrese de que todos los de su grupo los escribieron. Después de la pregunta 1, los estudiantes pueden completar la hoja de trabajo solos.

2   El propósito de esta pregunta es hacer que los estudiantes comprendan que un corazón duro se genera primero, para que no se pueda culpar a Dios. Si este asunto causa un problema en su grupo, vuelva a Romanos 1:24-28. La frase: «Por eso Dios los entregó a...» se usa allí con frecuencia. Salmo 95:7-11 se cita en Hebreos 3:7-13: El antídoto al corazón endurecido es «anímense unos a otros cada día» (v. 13).

3   Injertar es el proceso de amarrar una rama (no una parte original de la planta) a la vid hasta que crezcan juntos de forma que la nueva rama funcione como una parte viva de la vid.

De acuerdo a Juan 15, Jesús es la vid; nosotros (los creyentes en Cristo) somos las ramas. De acuerdo a Romanos 11:22, permanecemos conectados a la vid por su misericordia continua. Esto significa que debemos tener la disposición de confiar en él y descansar en él de la mejor forma que podamos para todo (véase Juan 15:5). Los judíos son las ramas silvestres y los gentiles son los injertos.

4   Los cristianos gentiles tal vez hayan dicho que la historia de los judíos, la fe de Israel, realmente no importaba. Pablo es muy fuerte en su respuesta:

> «Ten en cuenta que no eres tú quien nutre a la raíz [la fe, historia y escrituras de Israel],
> sino que es la raíz la que te nutre a ti» (v. 18).

¿Somos nosotros diferentes? Muy pocos cristianos modernos ni siquiera comienzan a reconocer cómo nuestra fe y la fe de los judíos están conectadas a la misma vid. Debemos renovar nuestro respeto por la raza a través de la cual Dios escogió revelar su gran amor por todos nosotros.

SACRIFICIO VIVO
Romanos 12:1-21

LA GRAN IDEA
Expresamos nuestro amor a Dios amando
a otros sacrificialmente

Resumen

Uno de los más citados y amados capítulos de la Biblia, Romanos 12, une la belleza y la simplicidad del evangelio. No es una declaración de reglas que obedecer o normas para vivir. Este cálido y tierno capítulo es una ventana a la calidad de vida que la justificación de Dios produce en aquel que permite que Dios obre.

El versículo inicial es el fundamento en el que se apoya el resto del capítulo. El *por lo tanto*, del versículo 1, señala la transición de la explicación y defensa de la justificación por la fe, al aspecto práctico de la vida en Cristo como sacrificio vivo. El versículo 1 brinda el ánimo, y el 2 ofrece el poder, un poder que viene del Espíritu Santo (nótese la forma pasiva de «sean transformados»). La consecuencia es una vida transformada.

Este capítulo enumera algunos de los dones espirituales otorgados a los hijos de Dios, pero Pablo no emplea tiempo explicándolos. Su intención es remachar el clavo que, en términos de nuestra conducta, lo más importante es el amor (un tema dominante en el resto de la carta).

El capítulo termina con exhortaciones específicas para amar como solamente los que conocen el amor pueden hacerlo. Es interesante notar que muchas de las cosas que Pablo enumera aquí vienen directamente de la boca de Jesús, especialmente el Sermón del Monte (Mateo 5-7).

Antes de la reunión

1. Varias semanas antes de esta sesión, haga arreglos para invitar a alguna persona destacada de la comunidad (un deportista, alguien de la televisión local, el alcalde, el director de una escuela o un miembro bien conocido de su iglesia) para leer Romanos 12 en un vídeo. Haga la grabación.

MATERIALES
NECESARIOS

- Un CD o cinta de la canción «Rachel Delevoryas» que se encuentra en la grabación de Randy Stonehill's *Stories* (Myrrh, 1993) y un tocadisco CD o casetera.
- Diapositiva con la letra de Rachel Delovoryas (p. 88) y un proyector de diapositivas.
- Televisión, videocasetera y un vídeo casero de una persona bien conocida leyendo Romanos 12 (véase Antes de la Reunión en esta página, punto 1)
- Copias de Un sacrificio vivo (p. 85)
- Copias de Una nota privada para mi Rachel Delevoryas (p. 87)
- Sobres en blanco, sin dirección (uno por estudiante)
- Varias camisetas «No tema», opcional, véase Para los más jóvenes (p. 82).
- Tarjetas 3" x 5" (véase Antes de la reunión, en esta página, punto 5)
- Esta sesión de La gran idea escrita en una pizarra blanca, cartel, etc.
- Biblias y lápices (o plumas) para cada estudiante y adulto.
- Tarjetas de los versículos bíblicos para memorizar (p. 116)

2. Una semana antes de la lección, entregue a los líderes de grupos pequeños la hoja de trabajo **Un sacrificio vivo** (p. 85) y su **Guía para el líder** (p. 86).

3. Escriba **La gran idea** de esta sesión en una pizarra, tablilla de anuncios, cartel, diapositiva, o dondequiera que atraiga la atención de los estudiantes durante la sesión de enseñanza. Lo ideal es agregarla después de la reunión a la lista acumulativa (una pared vacía) para que los estudiantes tengan presente los estudios anteriores. Si no tiene el espacio en la pared, use el modelo de la página 115 para hacer la diapositiva y proyectarla durante el tiempo del resumen al principio de cada sesión. Solo descubra *las grandes ideas* que hayan estudiado hasta el momento.

4. Prepare la cinta o CD para tocar «Rachel Delevoryas» y revise el volumen, claridad, etc. Use el original de la página 88 para crear las diapositiva de la letra. Revise el proyector de diapositivas para asegurarse que funcione. (Tenga una bombilla adicional a la mano.)

5. Prepare tarjetas de 3" x 5" de varios papeles para la pregunta 5 en la hoja de trabajo **Un sacrificio vivo** (p. 85).

6. Pida a un estudiante que al final de la lección lea Romanos 12:1-3, 9.

7. Pida a los grupos que trabajen desde diferentes perspectivas. Si un grupo se desalienta con esta tarea o se confunde, permítale cambiar. *Los papeles posibles* pueden incluir: deportistas, profesores, raperos, detectives, extraterrestres, vaqueros y políticos.

Haga que los grupos lean o representen sus papeles.

Apertura (20 minutos)

Para presentar «Rachel Delevoryas» dígales a los jóvenes que la canción se refiere a una persona y que se le cambió el nombre y otros detalles para no se identifique. Proyecte la letra con una diapositiva, pero mantenga un papel sobre las partes que no se han cantado para que los estudiantes puedan seguir la letra.

Después de tocar la canción, pida al grupo que piense acerca de esto y luego responda las siguientes preguntas:

■ ¿Sabía Raquel que algunas personas creyeron que ella era diferente («Estaba claro que ella nunca sería una de nosotros»)? ¿Estaría ella de acuerdo? ¿Por qué?)

■ ¿Qué palabras describen cómo se sintió Raquel cuando oyó al muchacho decir: «Raquel es fea»?

■ Si usted estuviera sentado cerca y viera esta escena, ¿qué haría?

- Si asumimos que una crueldad similar sigue sucediendo, ¿cuáles son algunas formas específicas, tangibles, de alcanzar a las Raqueles de nuestras escuelas y vecindarios?
- Deje que los estudiantes tengan la oportunidad de, mentalmente, identificar «Raqueles» que conozcan. Tenga un breve período de oración en silencio por estas personas.

Escrituras (30 minutos)

Repase *las grandes ideas* de las ocho lecciones anteriores y exhiba el cartel como lo ha hecho anteriormente. Enseñe el vídeo de la *persona destacada* leyendo Romanos 12. Pida a los estudiantes que sigan la lectura en sus Biblias mientras se presenta el vídeo.

Después que se lea la Biblia, reparta las copias **Un sacrificio vivo** (p. 85). Forme grupos pequeños de seis o menos, teniendo por lo menos un adulto por grupo para completar la hoja de trabajo.

Antes que los grupos lleguen a la pregunta cinco, usted debe repartir las tarjetas de 3" x 5" asignándole al grupo el papel que va a representar mientras parafrasean Romanos 12:9-21 y presénteselo al grupo completo.

Aplicación (10 minutos)

Presente el versículo para memorizar y reparta las tarjetas con este.

Pida a cada estudiante que piense en una persona de su escuela que sea diferente, que no caiga bien, o sea rechazado como Rachel Delevoryas. Lea *la gran idea* de esta lección, y seguidamente un estudiante leerá Romanos 12:1-3,9. Pida a los estudiantes que tengan unos minutos de oración en silencio, considerando cómo le gustaría a Dios que manifiesten amor a la persona en que pensaron.

Reparta **Una nota privada para mi Rachel Delevoryas** (p. 87). Explique la actividad más o menos así:

Escriba una nota breve a la persona en quien acaba de pensar. Dígale algo que exprese amor y cuidado. Anímelos.

Pida que cada estudiante que escriba una nota y la ponga dentro de un sobre dirigido a esa persona, lo cierre y lo pase hacia adelante. Envíelo a los estudiantes unas cuantas semanas después de esta sesión como un recordatorio de su decisión.

Un sacrificio vivo

1. ¿De qué forma concreta se puede ofrecer el cuerpo en sacrificio vivo si es un...

     Misionero?

     Político?

     Un comerciante?

     Un empresario?

     Maestro?

     Atleta?

     Tú mismo?

Comente con su grupo las formas en que estas ideas pueden ser actos espirituales de adoración.

2. Pablo escribe: «No se amolden al mundo actual» (v. 2). Cuáles son algunas cosas específicas contra las cuales Pablo advierte y que se pueden manifestar en su...

     Mente

     Modo de vivir

     Hablar

     Pensamientos

     Noviazgo

     Dinero

     Tiempo

3. J.B. Phillips traduce el versículo 2 de esta forma:

> «No deje que el mundo lo amolde a su manera, sino deje que Dios remodele su mente.»

¿Cómo cree que estas dos cosas puedan suceder?

4. Algunos dones espirituales se enumeran en los versículos 3-8. La preocupación principal de Pablo tiene que ver con las actitudes de los que sirven a Dios. Aunque usemos nuestros dones espirituales, debemos actuar en amor.

     Escriba los nombres de las personas que conoce que puedan tener los dones enumerados debajo, acompañado de un ejemplo específico de ese don en acción. Por ejemplo, anoche su mamá le dijo lo orgullosa que estaba de usted por sus adelantos en la escuela. Tal vez ella sea una persona que da aliento.

Don	Conocido suyo	El don en acción

Profecía (Esto es, hablar como con la voz de Dios, sin contradecir lo que dice la Biblia)

Enseñar

Animar

Ofrendar

Dirigir

Mostrar misericordia

¡Ahora deje que la gente que aparece en su lista sepa lo que observó en ellos!

5. Su grupo recibirá una tarjeta de 3" x 5" con el papel, o personaje, que debe adoptar mientras usted parafrasea los versículos 9-21. Trabaje junto a su grupo pequeño. Cuando termine, escoja un voluntario para presentar su paráfrasis a la clase.

Romanos 12:1-21
Un sacrificio vivo
GUÍA DEL LÍDER

1 Permita que cada estudiante escoja dos de los papeles de esta lista, y asegúrese de que cada papel esté incluido. Después que escriban sus ideas, dígaselas al resto del grupo. La pregunta se creó para ayudar a los estudiantes a reconocer que la adoración es más que sentarse en un banco de la iglesia; es amar a Dios con todo lo que somos y todo lo que hacemos. Es al servir y ver por los demás como vivimos el amor. Comente (no lo escriba) cómo las acciones sugeridas son actos espirituales de adoración.

2 Estas preguntas ayudarán a los estudiantes a conectar la vida cotidiana con el texto bíblico. Prepárelos mentalmente haciéndoles preguntas sobre las expectativas o normas que sus amigos tienen acerca del dinero o el noviazgo. Después que tengan varios ejemplos, deje que durante unos cuantos minutos escriban sus respuestas y después coméntenlas juntos. Una vez tengan la idea, se producirá un debate interesante.

3 John Stott presenta un proceso de tres pasos para dejar que Dios moldee sus mentes desde adentro:

1. Nuestras mentes se pueden renovar por el Espíritu Santo y la Biblia, la cual revela que las normas de Dios son opuestas a las normas del mundo.
2. Una vez que esto ocurre podemos saber la voluntad de Dios.
3. Debemos estar dispuestos para que Dios renueve aquello que pensamos mediante nuestro amor a Cristo. Como dice Hebreos 3:1: «Consideren a Jesús.» El conocimiento de la voluntad de Dios no es suficiente para ser transformados (pp. 323-4).

Este proceso nos prepara para lo que falta de Romanos 12 y el resto del libro.

4 La mayoría de los eruditos no creen que este capítulo contenga una exhaustiva lista de dones. Romanos 12:5, que presenta el pasaje, nos recuerda que cada miembro del cuerpo de Cristo pertenece a todos los demás y, por lo tanto, estamos obligados a servir, mostrar misericordia y animar aunque no tengamos esos dones en particular.

5 El líder debe asignar un papel a su grupo. Sea franco y creativo en esta parte. ¡Deje que sea divertida!

Romanos 12:1-21

Una nota privada a mi Rachel Delovoryas

Esta nota no debe leerla nadie más excepto usted. Es para recordarle cómo ser amoroso y solícito con una persona diferente, solitaria o rechazada.

Romanos 12:1-21
Rachel Delevoryas

Rachel Delevoryas,
  Con sus gruesas gafas y su cara fea,
sentada a mi lado en la clase del quinto grado,
  se miraba tan horrible y fuera de lugar
Raquel tocaba el violín cuando la música clásica no estaba de moda.
No podía controlar su desgreñado pelo castaño,
  su nerviosa carcajada ni su torpe sonrisita.

Coro:

  Estaba claro que nunca sería una de nosotros,
  con su manera de vestir desaliñada y su violín
  y un nombre como Rachel Delevoryas.

Pero en la noche pasé por su casa
  cuando iba a jugar con mi mejor amigo, Ray
Y la música que salía por su ventana
  expresaba las cosas que Rachel no podía decir.
Rachel Delevoryas estaba almorzando mientras pasaban unos muchachos.
«¡Rachel es fea!», los oyó gritar
  y se sentó en el banco del patio de la escuela a llorar.

Coro:

Y todos los años el cercado subía más alto
  crecía alrededor de la casa de Rachel
Como el muro secreto que erigió dentro de ella
  para reprimir los dolores del corazón
Rachel Delevoryas se mudó al este con su familia
Ahora viste un hermoso traje
  de pie en el escenario con la sinfónica
Rachel toca el violín.
Pero cada noche, cuando las luces se apagan,
  me pregunto si aún recuerda aquellos días
  y a los crueles jovencitos de este pueblecito

  Estaba claro que ella nunca sería una de nosotros,
  Con su ropa poco elegante y su violín
  Y un nombre como Rachel Delevoryas.

SESIÓN DIEZ

INVOLUCRARSE
Romanos 13:1-14

LA GRAN IDEA
A los cristianos se les llama a ser activistas,
motivados por amor.

MATERIALES NECESARIOS

■ Ropa vieja de vestir (véase Antes de la reunión, en esta página, punto 8)

■ Televisión, video casetera y un vídeo casero de varios de sus estudiantes leyendo cada uno una porción de Romanos 13, (véase Antes de la reunión en esta página, punto 1)

■ El vídeo *Dead Poets Society* [Sociedad de poetas muertos] (1989, PG) (opcional, véase Para los más jóvenes, p. 90)

■ Papel de construcción o cartulina (8 hojas grandes) y 4 marcadores (véase Antes de la reunión, en esta página, punto 7)

■ Biblias y lápices (o plumas) para todos los estudiantes y adultos

■ Cuatro estudiantes ya preparados para facilitar un intercambio de ideas en los grupos pequeños (véase Aplicación en la p. 91)

■ Copias de ¡Sé un activista! (p. 93)

■ Escriba La gran idea de esta sesión en una pizarra blanca, cartel, etc.

■ Copias de Tarjetas de Juramento de un Activista (p. 95)

■ Tarjetas de los versículos bíblicos para memorizar (p. 116)

Resumen

Los comentarios de Pablo en este capítulo, respecto a la respuesta de un creyente a las autoridades que gobiernan, han sido objeto de debate desde la iglesia primitiva. En el versículo 1, cuando Pablo escribe acerca de la sumisión, por ejemplo, ¿hasta dónde cree él que los cristianos deben refrenarse en desafiar la autoridad civil?

La mayoría de las tradiciones creen que los cristianos están llamados a someterse a la autoridad *hasta* que esa sumisión no viole seguir a Cristo. Aun la iglesia primitiva se reunía secretamente en contra de la ley romana, y Pablo sabía que algunos gobernantes eran déspotas. Sin embargo, la mayor preocupación de Pablo era propagar el evangelio, y no quería tener ningún impedimento para que los creyentes amaran sacrificialmente a otros y diseminaran el evangelio.

El principio general de Pablo para los cristianos es el cuidado por los demás, «revístanse ustedes del Señor Jesucristo» (versículo 14), porque ese es el cumplimiento de la ley.

Antes de la reunión

1. Lleve en su auto una cámara de vídeo y una Biblia, recoja a unos cuantos estudiantes y diríjase a los lugares más cercanos alrededor del pueblo que se presten para reuniones y lean Romanos 13. Filme a cada estudiante leyendo una sección del capítulo. Los siguientes son algunos lugares sugeridos para combinar a los lectores y las lecturas:

   ■ **Versículos 1-5:** Edificio de los tribunales (o dentro de un salón del mismo tribunal, si puede), estación de policía o la cárcel de la ciudad

   ■ **Versículo 6:** Una oficina de impuestos del estado o la ciudad

■ **Versículos 7-10:** Una cartelera, el anuncio de una tienda, etc. donde la palabra amor resalte.

■ **Versículos 11-14:** Un estante de pornografía en una tienda

2. Haga arreglos para tener un estudiante como ayudante, que se pare frente a cada señal para guiar un intercambio de ideas acerca de este tema. Además, el ayudante será responsable de escribir las ideas, pasar las **Tarjetas del juramento activista**, y hacer una breve oración.

3. Vea anticipadamente el vídeo **Para los más jóvenes** si lo está usando (véase la gráfica en esta página). Busque en el contador de la videocasetera el 11:41 del vídeo *Dead Poet's Society* [La sociedad de los poetas muertos]. Para preparar el contador de la videocasetera, póngalo en 00:00 donde aparece el primer crédito. Entonces páselo rápido hasta 11:41. Ajuste el lugar del vídeo y el sonido antes que lleguen los estudiantes.

4. Una semana antes de la lección consiga la hoja de trabajo **Soy un activista** (p. 93) y su **Guía del líder** (p. 94) para los líderes de su grupo pequeño.

5. Escriba **La gran idea** de esta sesión en una pizarra, tablilla de anuncios, cartel, diapositiva, o dondequiera que atraiga la atención de los estudiantes durante la sesión de enseñanza. Lo ideal es agregarla después de la reunión a la lista acumulativa (una pared vacía) para que los estudiantes tengan presente los estudios anteriores. Si no tiene el espacio en la pared, use el modelo de la página 115 para hacer la diapositiva y proyectarla durante el tiempo del resumen al principio de cada sesión. Solo descubra *las grandes ideas* que hayan estudiado hasta el momento.

6. Copie el original **Tarjetas del juramento de un activista** (p. 95) en papel grueso y corte las páginas a la mitad.

7. Prepare cuatro papeles de construcción para pegar cerca de las cuatro esquinas del salón en la parte de la sesión correspondiente: POLÍTICA, ESCUELA, COMUNIDAD, IGLESIA. En ese momento también pegará una hoja en blanco o papel de construcción, cerca de cada señal.

8. Reúna alguna ropa (calzón, camiseta, chaqueta, pantalones de gimnasia, corbatas, batas de baño) para tener por lo menos tres piezas para cada estudiante (véase la Apertura, en esta página).

Apertura (15 minutos)

Para jugar *Carrera de ropas*, divida la ropa en dos montones (cada montón con la misma clase de ropa). Después divida la clase en dos equipos y colóquelos en fila en un extremo del salón, listos para correr. En la esquina opuesta del salón, coloque dos montones de ropas similares.

A la señal, la primera persona de cada equipo corre hasta la ropa, escoge cualquiera, se la pone, vuelve corriendo al segundo corredor, y se quita la ropa que se puso del montón.

El próximo corredor en la fila debe ponerse la ropa que se quitó el anterior, antes de volver al montón de ropa y ponerse encima otra pieza. El segundo corredor vuelve a la fila, repite lo que hizo el anterior para que salga el tercer estudiante. La carrera continúa y cada vez será más la ropa que debe ponerse el jugador en turno.

Se declara ganador al primer equipo en que todos los jugadores hayan participado como se describió. Entrégueles un pequeño premio.

Escrituras (25 minutos)

Repase **La gran idea** de las ocho lecciones anteriores y expóngalas como en las sesiones anteriores. Pida a los estudiantes que sigan la lectura en sus Biblias mientras se muestra el vídeo de los estudiantes de la clase leyendo Romanos 13 frente a varios lugares de la ciudad (una clínica de abortos, la estación de policía, un refugio para personas desamparadas). Después de ver el vídeo Sé un activista, reparta las hojas de trabajo y plumas (p. 95). Divida a los estudiantes en grupos de seis o menos, con un adulto en cada grupo, para completar la hoja de trabajo.

Aplicación (20 minutos)

Mientras que los estudiantes trabajan en grupos pequeños, pegue con cinta adhesiva las señales y papeles de construcción cerca de las esquinas del salón. Coloque un marcador cerca.

Cuando los grupos terminen de hacer sus hojas de trabajo, reúna a todos los estudiantes. Presente las cuatro partes y deje que los muchachos se dirijan a la que más les interese como la esfera donde puedan expresar su fe más tangiblemente. El estudiante ayudante destacado en cada estación, puede servir de moderador en un intercambio de ideas del tema tratado: «¿Cómo podemos impactar en esta esfera?» En estos momentos no se deben evaluar las ideas; anime a los jóvenes para que expresen la primera idea que se les ocurra. A menudo sucede que una idea alocada provoca un pensamiento que guía a una idea que da buenos resultados. Alguien del grupo debe anotar todas las ideas en el papel de construcción.

Después de unos minutos reuniendo ideas en la estación, pida a los estudiantes ayudantes que repartan **Tarjetas del juramento del activista** (p. 95) a cada uno del grupo. Cada estudiante debe escoger la idea de la sesión de intercambio de ideas que le gustaría llevar a cabo.

De nuevo reúna al grupo para un breve período de comentarios sobre lo que elijió cada estudiante.

Presente el versículo para memorizar, reparta las tarjetas con el versículo, repase *la gran idea* y refiérase al cartel.

Concluya esta parte pidiendo a cada uno de los cuatro jóvenes ayudantes que hagan una breve oración por la parte en la que ayudaron, seguida de una oración privada en silencio.

¡Sea un activista!

1. En los versículos 1-6, ¿cuál es la frase clave (el enfoque principal de Pablo)?

¿Cuáles son las tres razones que él da para hacer esto?

1.

2.

3.

2. Las palabras que Jesús dijo, en Juan 19:11, al gobernador romano Poncio Pilato, ¿significan que Dios lo puso para gobernar?   ❏ Sí   ❏ No

¿Qué acerca de Hitler, Stalin y Sadán?   ❏ Sí   ❏ No
¿Por qué sí o no?

3. Compare Romanos 13:1-5 y Hechos 5:25-29. Ahora marque si está de acuerdo o no respecto a las siguientes declaraciones:

Debemos someternos a las autoridades civiles excepto si al hacerlo desobedecemos a Dios.

❏ De acuerdo   ❏ Desacuerdo

¿Por qué?

Si está de acuerdo, dé un ejemplo del momento cuando esto ocurre.

4. Los versículos 6 y 7 son aplicaciones de la enseñanza de Pablo en este capítulo. Enumere las cuatro esferas mencionadas y dé un ejemplo de cómo se aplican al cristiano contemporáneo.

Esfera   **Ejemplo**

1.

2.

3.

4.

5. Como seguidores de Jesucristo, estamos llamados a ser activistas de fe. ¿Qué cosas importantes debemos recordar?

1.

2.

Romanos 13:1-14

¡Sea un activista!
GUÍA DEL LÍDER

De acuerdo a John Stott, en este capítulo de Romanos

> Pablo amplía la explicación del papel del estado que Dios le señala y el papel del cristiano en relación al estado, aunque él destaca el deber personal del ciudadano y no una teoría particular de las relaciones estado-iglesia (p. 339).

Esta lección se centra en las responsabilidades individuales del creyente para ser activo con amor. Los estudiantes pueden completar la hoja de trabajo individualmente antes de comentarlas.

1 El punto principal de Pablo en los versículos 1-6 es que los cristianos, como regla general, deben someterse a las autoridades del gobierno. Él da tres razones:

- Dios las estableció
- Así que podemos estar libres de temores
- La autoridad es siervo de Dios, así que estaremos sometiéndonos a Dios

2 Pocos dirían que Dios otorgó el cargo a estos déspotas criminales. De acuerdo a John Stott,

> Por el contrario, lo que Pablo quiere decir es que todas las autoridades humanas se derivan de la autoridad de Dios (p. 340).

Pablo sabía que abundan los gobernantes injustos, no obstante, dirigió a los seguidores de Cristo a que se esforzaran para vivir en paz con las autoridades gobernantes.

3 Permita que los estudiantes comenten la declaración. Estar de acuerdo es compatible con la teología general de Pablo. El punto crítico del argumento es: ¿hasta qué punto las autoridades civiles sobrepasan sus límites? Para algunos, esto es la legalización del aborto, para otros, el servicio militar. Invite a los estudiantes a comentar lo que piensan, en lugar de decirles lo que deben creer.

4 Las cuatro cosas mencionadas en los versículos 6 y 7 son: los impuestos, el pago de las deudas, el respeto y el honor. Algunos ejemplos modernos incluyen pagar los impuestos, pedir préstamos, respetar a la policía y honrar a los veteranos de guerra.

5 Las dos cosas que debe destacar de este capítulo:

- Debemos obedecer a las autoridades siempre y cuando la obediencia no viole nuestra lealtad a Dios.
- El amor debe ser nuestra motivación y nuestra acción.

Tarjetas del juramento del activista

Por cuanto Dios me llamó para ser un

activista, con amor,

mi meta es hacer una diferencia en

_____

(campo de interés o habilidad)

al hacer las siguientes acciones:

1. _____

2. _____

Firma _____ Fecha _____

Por cuanto Dios me llamó para ser un

activista, con amor,

mi meta es hacer una diferencia en

_____

(campo de interés o habilidad)

al hacer las siguientes acciones:

1. _____

2. _____

Firma _____ Fecha _____

SESIÓN ONCE

¡SOMOS UNO!
Romanos 14:1-23

LA GRAN IDEA
Dios llama al cuerpo de Cristo a la unidad.

MATERIALES
NECESARIOS

- Cinco estudiantes actores y cinco copias del guión Mi grupo de jóvenes (pp. 103-104)
- Accesorios para el guión (véase la lista de accesorios, p. 103)
- Cámara de vídeo y un vídeo en blanco, para grabar la actuación del guión (opcional; véase Actividad opcional, p. 98)
- Copias de Mi grupo de jóvenes, reconsiderado (p. 105)
- Un casete casero de niños leyendo Romanos 14, y una casetera (véase Antes de la reunión, p. 98, punto 3)
- Copias de Somos uno en Cristo (p. 101)
- Escriba La gran idea de esta sesión en una pizarra blanca, cartel, etc.
- Biblias y lápices (o plumas) para cada estudiante y adulto.
- Tarjetas de los versículos bíblicos para memorizar (p. 116)

Resumen

El capítulo 14 contiene la bien conocida amonestación de Pablo para los creyentes maduros, instruyéndolos para que no sean motivo de dificultad para los judíos cristianos ante la libertad que los creyentes gentiles estaban ejercitando en Cristo. (Este capítulo es similar a 1 Corintios 8, que trata del asunto específico si se debe comer carne ofrecida a los ídolos, y su efecto en algunos cristianos.)

El argumento de Pablo enfoca una cierta clase de debilidad. De acuerdo a Stott, él no se refiere a una debilidad ni de voluntad ni de carácter, sino de fe (14:1). Así que si estamos tratando de imaginar a un hermano débil, no debemos visualizar a un cristiano vulnerable, fácilmente vencido por la tentación, sino a un cristiano sensible lleno de indecisiones y escrúpulos (p. 355).

El problema no es el dominio propio, si no la conciencia. Aunque hay teorías que difieren en lo concerniente al significado de Pablo, tal vez la mejor explicación es que él se refiere a los judíos cristianos que han decidido seguir a Jesús como el Mesías, pero que tenían dificultades por dejar los rigores de la tradición religiosa judía.

El punto principal de Pablo se encuentra en los versículos 19 y 22, donde exhorta a la familia de los creyentes a hacer lo que conduce a la paz y mantener en privado las preferencias personales.

Su declaración final es una advertencia a los cristianos maduros: «Y todo lo que no se hace por convicción es pecado» (v. 23).

En otras palabras, usted puede estar seguro de que su conducta y elecciones no obligan a otro cristiano, especialmente a uno más nuevo o débil, a una conducta similar, de cuya rectitud pueda dudar ese cristiano. (Este pasaje no tiene nada que ver con que otros estén de acuerdo o desacuerdo con la rectitud de su comportamiento.)

Jueguen Baña al elefante. Se juega así: Saque del salón a tres estudiantes voluntarios. Mientras estén afuera, diga al resto de la clase que usted estará bañando, pelando y recortando las uñas a un perro poodle bien grande. Devuelva a los voluntarios uno por uno. Al primer voluntario se le dice que vea lo que está haciendo el líder, pero no puede hacer ninguna pregunta o pedir ayuda a la clase. Con mímica, el líder representa que está bañando, pelando y recortando las uñas al poodle. Cuando termina, trae al segundo estudiante para ver al primer voluntario hacer la mímica que vio hacer al líder (solo que él o ella no sabe lo que era).

Repita el procedimiento con el tercer voluntario, que actúa para la clase. iPara entonces, la mímica no será ni parecida a bañar ni pelar a un poodle!

Comente cómo la actividad se relaciona al hecho de que todos tenemos puntos ciegos y, por lo tanto, nos necesitamos unos a otros.

Antes de la reunión

1. Varias semanas antes de la lección, nombre cinco estudiantes para que presenten el drama **Mi grupo de jóvenes** (pp. 103-104). Entrégueles el guión para que lo puedan practicar por lo menos dos veces antes de la actuación. La representación no es larga, pero debe ser eficaz, los actores deben memorizar su guión.

   Pida a los estudiantes del drama que arreglen la escenografía antes de comenzar la sesión para que puedan empezar inmediatamente después de los juegos y comentarios de la apertura.

2. Una semana antes de la lección consiga la hoja de trabajo **Somos uno en Cristo** (p. 101) y su **Guía del líder** (p. 102) para los líderes de su grupo pequeño.

3. Escriba **La gran idea** de esta sesión en una pizarra, tablilla de anuncios, cartel, diapositiva, o dondequiera que atraiga la atención de los estudiantes durante la sesión de enseñanza. Lo ideal es agregar *La gran idea* después de la reunión a la lista acumulativa (en una pared vacía) para que los estudiantes tengan presente los estudios anteriores. Si no tiene el espacio en la pared, use el modelo de la página 115 para hacer la diapositiva y proyectarla durante el tiempo del resumen al principio de cada sesión. Solo presente *las grandes ideas* que hayan estudiado hasta el momento.

4. Haga arreglos para grabar la voz de varios niños pequeños, que lean bien, leyendo Romanos 14 en un audiocasete.

Apertura (10 minutos)

Juegue: ¿Preferirías...? Divida a los estudiantes en grupos de dos o tres. Lea la primera pregunta de la lista que aparece a continuación y dé un minuto a los grupos pequeños para comentarla.

Diga: «¡Cambio!» Cada uno busca un nuevo grupo de dos o tres para la próxima pregunta. Repita el procedimiento con una nueva pregunta.

- **¿Preferirías estar en la cárcel durante un mes o en una isla desierta durante un año?**
- **¿Preferirías ser famoso o rico?**
- **¿Preferirías tener un novio o novia estable y no tener otros amigos, o muchos amigos, pero no estables?**
- **¿Preferirías ser sordo o ciego?***

Para continuar esta actividad, pida las respuestas más curiosas.

Actividad: Drama (10 minutos)

Haga que los actores representen el drama **Mi grupo de jóvenes** (pp. 103-104).

Después del drama, haga las siguientes preguntas:

- ■ **¿Quién era la mejor persona? ¿Por qué?**
- ■ **¿Quién era la peor persona? ¿Por qué?**
- ■ **¿Qué molestó tanto a Julia? ¿Tenía una buena razón?**
- ■ **¿Cree que este tipo de cosas pasan en su escuela (o en su pueblo o vecindario)?**

Escrituras (30 minutos)

Repase las secciones de «**La gran idea**» de las diez lecciones anteriores y expóngalas al frente como lo hizo anteriormente. Pida a los estudiantes que busquen Romanos 14 en sus Biblias para seguir la lectura mientras se escucha la grabación de los niños leyendo el pasaje.

Divida a los estudiantes en grupos de seis o menos, con un adulto, por lo menos, en cada grupo. Reparta las hojas de trabajo **Somos uno en Cristo** (p. 101) y pida a los muchachos que las hagan.

Aplicación (10 minutos)

Cuando los estudiantes terminen, reúnalos de nuevo.

Presente el versículo a memorizar, reparta las tarjetas con el versículo, repase *La gran idea* y refiérase al cartel.

Reparta las hojas de trabajo **Mi grupo de jóvenes, reconsiderado** (p. 105) para que los estudiantes lo completen.

Termine con una sesión de oración en equipo de esta forma: Una persona comienza a orar, y así sucesivamente van orando todos hasta la última.

VERSÍCULO
PARA MEMORIZAR

Romanos 14:13

Por tanto, dejemos de juzgarnos unos a otros. Más bien, propónganse no poner tropiezos ni obstáculos al hermano.

Somos uno en Cristo

1. En este capítulo, Pablo define a los débiles como (marque la mejor respuesta).

    - ❏ a. alguien físicamente débil o enfermo
    - ❏ b. un cristiano sensible que le falta libertad de conciencia
    - ❏ c. alguien que está equivocado
    - ❏ d. un cristiano vulnerable que fácilmente cae en la tentación

2. Pablo considera la dieta (comida y bebida) y al día de la adoración asuntos controversiales (v. 1 y 5). En la lista siguiente marque aquello en que cree que los cristianos modernos tienen opiniones diferentes.

    - ❏ Fumar
    - ❏ Alcohol
    - ❏ Jurar
    - ❏ Drogas ilegales
    - ❏ Escuela en el hogar
    - ❏ Comer carne roja y grasa
    - ❏ Correr
    - ❏ Chistes racistas
    - ❏ Contaminación
    - ❏ Estilo de adoración
    - ❏ Chismes y críticas acerca de otros grupos cristianos
    - ❏ Posesiones materiales (tamaño de la casa, marca de vehículo, etc.)

3. Enumere las cinco cosas principales (de la lista anterior) en que debemos evitar juzgarnos unos a otros.

    1.

    2.

    3.

    4.

    5.

    ¿Por qué escogió estas?

4. El versículo 13 se refiere a la actitud de los creyentes maduros (no haga juicios) así como a las acciones (no ponga obstáculos en el camino de su hermano). ¿Qué razones da Pablo?

    1. (vv. 14-16)

    2. (vv. 17-21)

5. ¿Cuál es el consejo final de Pablo respecto a estos asuntos controversiales?

Romanos 14:1-23

Somos uno en Cristo
GUÍA DEL LÍDER

1 De acuerdo a John Stott, b. es la mejor respuesta. Los débiles, probablemente, eran los judíos cristianos, o gentiles, que estaban muy influenciados por las prácticas judías que guardaban las leyes dietéticas del Antiguo Testamento, comiendo solo cosas limpias, y la naturaleza sagrada del Sábado.

2 y 3 Estas dos preguntas pueden motivar discusiones de las diferencias entre lo que son asuntos de conciencia y asuntos claramente definidos como contrarios al evangelio. Aquí hay un ejemplo de cómo se puede distribuir la lista (esto es solo un ejemplo, usted sabe lo que su iglesia, estudiantes y su conciencia pueden tolerar):

- **Contra la ley, por lo tanto no es discutible:** (véase Romanos 13) uso o venta de drogas ilegales, tomar bebidas alcohólicas sin tener edad para hacerlo, toque de queda
- **Dañino, arrogante o falta de amor, por lo tanto tampoco es discutible:** profano, chistes de doble sentido y racistas, desobedientes con los padres, cualquier tipo de fraude académico, actividad sexual premarital.
- **No está claramente definido, por lo tanto es discutible:** el uso del tabaco y del alcohol (siempre y cuando los usuarios no sean menores), contaminación, clase y cantidad de posesiones materiales, comer carne roja y grasas, escuela en el hogar.
    Las convicciones de una persona acerca de los asuntos en esta tercera categoría, según Pablo, son difíciles de condenar.

4 Las dos razones fundamentales por las cuales los creyentes maduros deben mantener en privado sus actitudes y acciones son:

- (vv. 14-16) Si no, están violando la ley de amor (véase Mateo 22:37-40).
- (vv. 17-21) Puede impedir la obra de Dios en la persona, y en el mundo.

5 El último consejo de Pablo en cuanto a estos asuntos controversiales es actuar en secreto. A menudo Dios obra mediante la conciencia del creyente (aunque obviamente esta no es una determinante infalible del bien y del mal). En los asuntos controversiales todos debemos, continuamente, desafiar nuestros pensamientos.

Mi grupo de jóvenes

Personajes

Cinco estudiantes de la misma edad de los espectadores. Los papeles masculinos y femeninos se pueden cambiar si fuera necesario.

Julia, *interesada en el cristianismo, quiere saber más. Se siente dolida.*

Miguel, *un empleado de La vida fabulosa, un divertido club de la universidad, al que asisten varios estudiantes que son muy populares.*

Sandra, *recibe su educación académica en el hogar. Asiste a una iglesia que no tiene grupo de jóvenes.*

Noel, *activo en el alcance ministerial de la iglesia de la Comunidad.*

Rosa, *lleva su Biblia a todas partes, activa en la Primera Iglesia Conservadora.*

Escenario

Todos estos estudiantes viven en el mismo vecindario. Se conocen hace tiempo. La escena comienza en una heladería donde Noel limpia una mesa, Rosa y Sandra están sentadas juntas mirando una Biblia, y Julia está estudiando en otra mesa. Miguel está fuera del escenario.

Accesorios

Tres mesas • Helados • Tres sillas • Una tohallita para limpiar fuentes • Una Biblia • Cucharas • Un delantal para Noel • Libros para Julia

Rosa:	Oye esto, «Reciben al que es débil en la fe.» ¡Yo sabía que esto estaba aquí! Ya ves, te dije que Dios dice que aunque seas débil puedes ser cristiana... ¡aunque obviamente no muy entregada!
Sandra:	No estoy segura de que eso sea cierto, Rosa. Leo la Biblia cuatro horas al día, y me parece que si no entregas tu vida al Señor, lees la Biblia y oras sin cesar, no eres tan cristiana. *(Julia oye esta conversación, pero sigue estudiando, aunque de vez en cuando mira a las otras con interés)*
Rosa:	De todos modos, sabes lo que quiero decir. Claro, se supone que leamos la Biblia y cosas así, pero es mucho más importante no ser débil, ni tener falsas doctrinas. Mi iglesia, La Primera Iglesia Conservadora, nos da una lista de las cosas que te hacen más fuerte para que no termines siendo débil *(mira hacia donde está Noel, sonriéndose con sarcasmo)* como Noel que está allí.
Sandra:	¡No, Rosa! Ser fuerte significa entregarte a Dios cada minuto, como hago yo. Tú sabes lo que es importante, pero es mucho más importante cuán devota a Dios eres, ¡como yo! *(mira a Noel)* ¿No va él a esa iglesia rara, Comunidad en el Ejercicio? Oí que solo tienen cultos los domingos, ¡y ni siquiera promueven los devocionales diarios!
Noel:	*(Caminando hacia ellas)* Oye, escuché eso, Sandra. Ustedes no aprenden, ¿verdad? Tenemos una gran iglesia. Sabemos cómo adorar, seguro que sí. Ustedes lo tienen todo al revés. Tú, Rosa, en la Primera Conservadora. Yo iba a esa iglesia. Aprendí muchísimo, no lo niego, pero ¿cuándo van ustedes a aprender a adorar?
Rosa:	Nosotros adoramos con la Palabra, ¡no con una raqueta de tenis!
Noel:	Oye, la Biblia también es nuestro libro, ¡pero preferimos vivir y después comer! Tenemos tanta gente que viene a Jesús, que Dios se marea. ¿Por qué? por nuestro grupo de jóvenes...
Sandra:	Ese es el problema, Noel. Ustedes emplean tanto tiempo cantando y jugando en el grupo juvenil que no les queda tiempo para entregarse al Señor. Yo aprendo diez versículos de memoria cada semana, y mi pastor predica según lo guíe Dios. Eso significa que al mediodía, ¡ni siquiera ha entrado en calor! En cambio ustedes dos ¡solo adoran durante una hora! ¿Cómo les puede hablar Dios?

Rosa: Dios es un Dios de orden y propósito y eso está en su Palabra. No quiero volverme débil con esos coritos flojos, y nosotros...

Miguel: *(entra)* ¡Hola, muchachos! ¿Vienen a la fiesta de la pizza? ¡Todos estarán ahí! Tomás, Susana, Juan...

Sandra: Me parece que es una fiesta.

Miguel: ¡Eso es! ¡Es una fiesta! ¡Vamos a fiestar toda la noche! Le vamos a demostrar a todo el mundo que los cristianos se pueden divertir y al mismo tiempo amar a Dios.

Noel: Tú sabes, Miguel, el problema con estas fiestas en La Vida Fabulosa. Ustedes no están relacionados con ninguna iglesia. No puede haber verdadera evangelización si no se está vinculado a una iglesia. La verdadera evangelización es una estrategia, atrae gente a la iglesia, les resuelve sus necesidades y --Bump-- ¡les da con el evangelio! ¡Boom! Y quedan enganchados como un pez!

Miguel: ¡Mira, nosotros les hablamos de Jesús, sin necesidad de una estrategia, solo una relación! Nos tomamos un tiempo y logramos que se sientan cómodos con la idea. Ustedes no pueden entender eso porque no conocen a nadie que no sea cristiano. La gente está cansada de los cristianos, ¡así que les mostramos que a Dios también le gustan las fiestas!
(los cuatro están cada vez más alterados, Julia sigue observando, en ocasiones mueve negativamente la cabeza, pero nadie la mira.)

Rosa: No estoy segura si ustedes están haciendo más bien que mal. Es necesario enseñar y estudiar la Biblia. ¿Qué doctrinas enseñan en La Vida Fabulosa?

Sandra: *(a un lado)* Él ni siquiera puede deletrear doctrinas.

Miguel: Nosotros no necesitamos ninguna doctrina, Rosa, solo necesitamos a Jesús y las relaciones. Eso es lo único que importa.

Noel: Pero fuera de la iglesia no resulta.

Miguel: Desde luego que sí, y es mucho mejor que la de ustedes.

Rosa: Ustedes dos están equivocados. Dios es un Dios de orden, y lo que quiere es que su Palabra se predique con la doctrina correcta.

Sandra: Todos ustedes son débiles. Mira cómo discuten. Necesitan invertir más tiempo en oración y soledad, menos grupos de jóvenes, fiestas y doctrinas.
(casi al unísono, se interrumpen unos a otros)

Miguel: Oigan, pero esperen un momento...

Noel: Tú no sabes nada.

Miguel: Estás fuera de todo.
(Todos comienzan a discutir, Julia tira sus libros en la mesa y comienza a llorar, todos se detienen mirándola, primero a ella y luego unos a otros. Por último, Noel va hasta ella y trata de sentarse, pero Julia lo detiene)

Julia: *(tratando de no llorar)* Noel, no intentes conmigo tu basura de ¡BUM! enganchado como un pez. ¡Déjame sola! Ustedes me repugnan. *(parándose, confronta a los cuatro)* Acabo de saber que mis padres se van a divorciar, y pensé que alguno de ustedes me podría ayudar a entenderlo. Por eso vine aquí. Sé que ustedes pertenecen a los muy mencionados cristianos, y por lo general siempre andan por aquí, así que quería saber cómo Dios me podía ayudar a superar esto. Pero luego de oírlos peleando, discutiendo y quejándose, no quiero nada de ustedes. (sale corriendo y llorando)

Rosa: *(luego de un consternado silencio)* Debí haberle leído un versículo.

Sandra: Ella necesita arrepentirse.

Miguel: Ella debiera venir a la fiesta de esta noche.

Noel: Ella necesita un seminario de una imagen propia saludable.
(se miran unos a otros, y todos juntos gritan)

TODOS: Todos: ¡Todos ustedes están equivocados!!
(todos salen en direcciones diferentes)

— FIN —

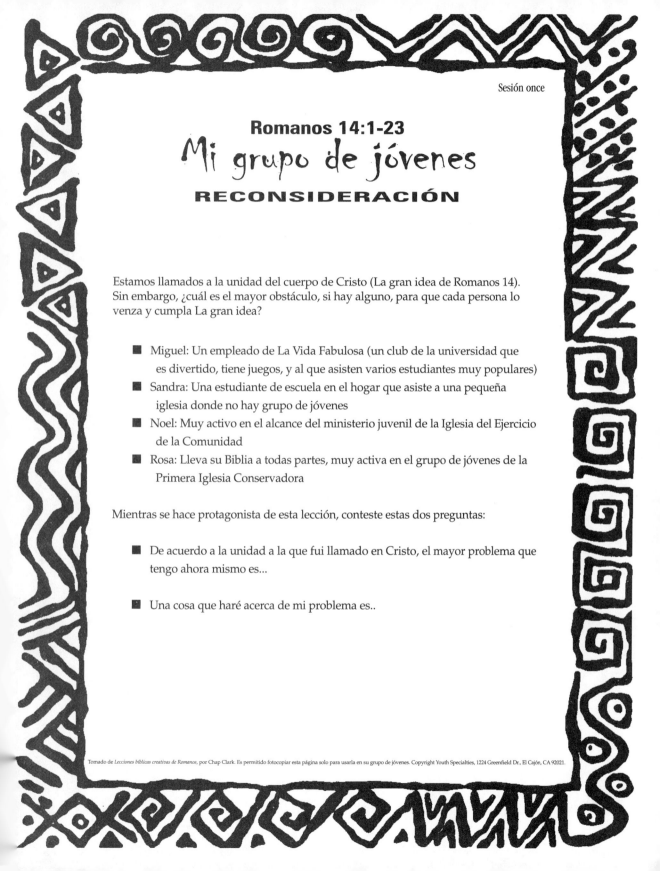

Romanos 14:1-23
Mi grupo de jóvenes
RECONSIDERACIÓN

Estamos llamados a la unidad del cuerpo de Cristo (La gran idea de Romanos 14). Sin embargo, ¿cuál es el mayor obstáculo, si hay alguno, para que cada persona lo venza y cumpla La gran idea?

- Miguel: Un empleado de La Vida Fabulosa (un club de la universidad que es divertido, tiene juegos, y al que asisten varios estudiantes muy populares)
- Sandra: Una estudiante de escuela en el hogar que asiste a una pequeña iglesia donde no hay grupo de jóvenes
- Noel: Muy activo en el alcance del ministerio juvenil de la Iglesia del Ejercicio de la Comunidad
- Rosa: Lleva su Biblia a todas partes, muy activa en el grupo de jóvenes de la Primera Iglesia Conservadora

Mientras se hace protagonista de esta lección, conteste estas dos preguntas:

- De acuerdo a la unidad a la que fui llamado en Cristo, el mayor problema que tengo ahora mismo es...

- Una cosa que haré acerca de mi problema es..

SESIÓN DOCE

UNIDOS EN AMOR
Romanos 15:1—16:27

LA GRAN IDEA
El amor es lo que mantiene al cuerpo de Cristo unido.

MATERIALES NECESARIOS

- ■ Televisión, videocasetera y el vídeo *Roxanne* (1987, PG)
- ■ Tarjetas 3" x 5" (véase Antes de la reunión en esta página, punto 3)
- ■ Copias de Un Señor, un cuerpo (p. 111)
- ■ Folleto de Compassion International, World Vision, etc.
- ■ (Opcional, véase Pistas para el líder, p. 108)
- ■ Copias de Una carta a Jesús (p. 113)
- ■ Sobres de carta en blanco (uno por persona)
- ■ La gran idea de esta sesión escrita en una pizarra blanca, cartel, etc.
- ■ Biblias y lápices (o plumas) para cada estudiante y adulto.
- ■ Tarjetas de los versículos bíblicos para memorizar (p. 116)

Repaso

Pablo comienza los dos últimos capítulos resumiendo su llamado a la unidad en el cuerpo de Cristo, especialmente entre judíos y cristianos gentiles (15:1-13). Luego reafirma su llamado a los gentiles (15:14-22) y concluye en el capítulo quince declarando sus planes para visitarlos.

El capítulo 16 es personal; los versículos 1-16 son saludos específicos a varias personas con quienes Pablo ha trabajado. La lista es variada y, como literatura antigua, es asombroso que mencione a las mujeres.

El capítulo 16, los versículos 17-20, es un llamado final a la unidad y un aviso para evitar divisiones en la familia de Dios. Luego, Pablo entrega la carta a quienes viajan con él y permite que Tercio se aluda como el escribiente de las palabras de Pablo. La carta termina con Pablo alabando al Dios eterno.

Antes de la reunión

1. Llame para pedir folletos de *Compassion International* y *World Vision* si está planeando proponer el apoyo a un niño a través de una de estas organizaciones.
2. Vea el segmento del vídeo de *Roxanne* para determinar su conveniencia para el grupo. En el contador de la videocasetera , este segmento comienza en 25:15. Esa es la escena donde Roxanne y C.D. (un moderno Cyrano de Bergerac) suben una montaña y C.D. descubre que ella no lo ama. C.D. va inmediatamente a un cirujano plástico para que le acorte la nariz. Para preparar el contador de la video casetera, póngalo en 00:00 donde aparece el primer crédito y páselo rápido hasta llegar a 25:15. Ajuste el lugar del vídeo y el sonido antes que lleguen los estudiantes. (Si tiene tiempo para reírse a carcajadas en esta sesión, muestre el segmento de entrenamiento para bomberos que está inmediatamente antes del episodio.)

En Romanos 15:26-28, Pablo menciona brevemente un importante principio del Nuevo Testamento en cuanto a dinero. Él declara que los creyentes gentiles están obligados a disfrutar sus bendiciones materiales con los cristianos judíos. En la familia de Dios, nuestro dinero no es solo nuestro, pertenece a aquellos que lo necesitan en el cuerpo (de acuerdo a este pasaje: «Estamos llamados a servir a aquellos que aún no conocen a Cristo»).

Rete a su grupo para adoptar un niño o dos a través de los ministerios de Compassion International (800/336-7676) o World Vision (800/777-5777). Esta es una manera tangible de dar de nuestras riquezas a los que lo necesitan.

Romanos 15:4

De hecho, todo lo que se escribió en el pasado se escribió para enseñarnos, a fin de que, alentados por las Escrituras, perseveremos en mantener nuestra esperanza.

3. Busque a tantos estudiantes como quiera para leer las Escrituras, mientras más sean mejor. Divida el pasaje en pequeñas secciones de varios versículos cada uno. Asigne números en un papel, a los estudiantes, para que cada uno sepa su posición para leer. Prepare tarjetas de 3" x 5" para cada estudiante con la siguiente información:
   - el número del estudiante.
   - el nombre y el número de la persona después de la que va a leer (para que los estudiantes sepan cuándo les toca su turno).
   - los pasajes que deben leer (no es necesario que los escriba, solo enumere los versículos que leerán).

   Pida a los estudiantes que practiquen sus pasajes antes de la reunión.
4. Una semana antes de la lección consiga la hoja de trabajo **Un Señor, un cuerpo** (p. 111) y su **Guía del líder** (p. 112) para los líderes de su grupo pequeño.
5. Escriba **La gran idea** de esta sesión en una pizarra, tablilla de anuncios, cartel, diapositiva, o dondequiera que atraiga la atención de los estudiantes durante la sesión de enseñanza. Lo ideal es agregar *La gran idea* después de la reunión a la lista acumulativa (en una pared vacía) para que los estudiantes tengan presente los estudios anteriores. Si no tiene el espacio en la pared, use el modelo de la página 115 para hacer la diapositiva y proyectarla durante el tiempo del resumen al principio de cada sesión. Solo presente *las grandes ideas* que estudió hasta el momento.

Apertura (15 minutos)

Enseñe la porción del vídeo *Roxanne*, comenzando en 25:15 del contador de la video casetera. Presente esta porción con comentarios como los siguientes:

> **C.D. representado por Steve Martin, es uno de los tipos más amistosos y populares del pueblo. Él se enamoró de Roxanne, representada por Daryl Hannah. En la escena, ella le pide a C.D. que den un paseo. Él cree que ella le va a decir que lo ama.**

Después de ver el vídeo, pregunte a los adolescentes lo siguiente:
   - ¿Era la nariz de C.D. la verdadera razón por la que *Roxanne* no estaba enamorada de él?
   - ¿Es justo que no se ame a un hombre o una mujer por tener un defecto físico poco común, aunque tenga una gran personalidad?

■ ¿Es común?

■ ¿Cómo se sentiría uno si tuviera la nariz como C.D.?

Conecte estos segmentos a la lección diciendo algo así:

Hasta entre los cristianos, a menudo hay actitudes como la que acabamos de ver, donde se juzga a las personas por su apariencia. Una de las principales razones por las que Pablo escribió la carta a los creyentes romanos era llamarlos a una nueva norma de vida, amor y unidad.

Hasta en las iglesias hay personas que se sienten diferentes, no amadas y aisladas. Como seguidores de Jesús, que son todos los miembros de la misma familia, debemos hacer todo lo que esté a nuestro alcance para romper esas paredes que duelen y separan, honrando y respetando a los que son diferentes, así como queramos que nos traten.

Escrituras (30 minutos)

Repase las últimas once secciones de «**La gran idea**» y exhíbalas como en todas las lecciones anteriores.

Pida a la clase que abran sus Biblias en los pasajes correspondientes para seguir la lectura mientras que los voluntarios leen sus pasajes, usando las tarjetas de 3" x 5". Este pasaje debe leerse estilo palomitas de maíz, el primer estudiante se pone de pie y lee los versículos y luego se sienta. El segundo lector se levanta enseguida para participar, y así sucesivamente hasta terminar los capítulos.

Divida a los estudiantes en grupos de seis o menos, con un adulto, por lo menos, en cada grupo. Reparta las hojas de trabajo **Un Señor, un cuerpo** (p. 111) y plumas para que los muchachos hagan el trabajo.

Cuando terminen la hoja de trabajo, reúna de nuevo la clase. Pida a los grupos que presenten los comentarios que hicieron durante su intercambio de ideas en la pregunta 7.

Aplicación (15 minutos)

Presente el versículo para memorizar, reparta las tarjetas, repase *La gran idea* y refiérase al cartel.

Reparta **Una carta a Jesús** (p. 113) y sobres en blanco. Explique a los estudiantes que usen sus cartas para decirle a Jesús lo que aprendieron en esta lección, o en toda la serie. Invítelos a comunicar estas ideas si así lo desean. Después de esto, deben colocar las cartas en el sobre, cerrarlo y escribir sus nombres por fuera.

Termine la sesión pidiendo a los estudiantes que regresen a sus grupos pequeños para orar uno por el otro. A la salida, recoja las cartas. En una cuantas semanas envíelas por correo acompañadas de una nota suya, resumiendo lo que usted espera que ellos recuerden de Romanos, junto a la lista de *doce grandes ideas* del tamaño de un cartel. Puede aumentar la copia original de la página 114 para copiarla en un papel brillante.

Romanos 15:1-16:27

Un Señor, *un* cuerpo

1. Pablo ora para que los dones de Dios, aliento y perseverancia, le dieran a los creyentes romanos un espíritu de unidad (15:5). ¿Qué cree que es «un espíritu de unidad»?

   ¿Cómo el aliento y perseverancia de Dios le da esa clase de unidad con otros cristianos?

2. ¿Cuáles son las tres esferas en que Pablo expresa confianza en los creyentes Romanos (15:14)?

   1.

   2.

   3.

3. Pablo termina la carta, así como la comenzó, con una gran dosis de confianza personal (15:15-22). Dé una breve explicación de tres ocasiones en que complació a Dios.

   1.

   2.

   3.

4. Las primeras iglesias dieron mucho dinero a los pobres, especialmente a los cristianos pobres (15:26-28). ¿Por qué les debían dinero y posesiones materiales a estos pobres creyentes?

¿Cómo afecta su vida tener un principio moral de generosidad?

5. Al concluir (capítulo 16), Pablo menciona a muchas personas. ¿Cuántos se mencionan?

   ¿Cuántos hombres?

   ¿Cuántas mujeres?

   ¿Cuántos pueden ser hombres o mujeres?

   De esta lista, ¿qué puede aprender acerca de Pablo?

6. ¿Quién escribió la carta a los Romanos (16:22)?

   ¿Por qué decimos que Pablo la escribió?

7. ¿Qué es lo último que Pablo enseña en 16:17-19?

   ¿Por qué Pablo concluye de esta forma?

Romanos 15:1-16:27

Un Señor, un cuerpo
GUÍA DEL LÍDER

Pida a los estudiantes que completen la hoja de trabajo por su cuenta. Cuando terminen, coméntela en grupo.

1 Una guía que presta ayuda para esta pregunta está en 15:7: «Por tanto, acéptense mutuamente, así como Cristo los aceptó a ustedes para gloria de Dios.» A medida que desarrollamos nuestra fe (perseverancia) y recordamos el amor incondicional de Dios (aliento), es más fácil ser agradable, perdonador y aceptar a otros.

2 y 3 Si los estudiantes consideran que estas preguntas son difíciles de entender o contestar, guíe algunos comentarios acerca de lo que significa tener una visión saludable de uno mismo, por ser creación de Dios y por su obra con los creyentes por medio del Espíritu. Son más los estudiantes que se critican a sí mismos, que los arrogantes. Pablo parece encontrar un balance, basado en Cristo, y no en sus propios méritos.

4 Este pasaje es una ventana de la visión del diezmo del Nuevo Testamento, diez por ciento puede ser una buena guía general, pero como creyentes, nuestras dádivas se basan en las necesidades de otros y en los recursos que Dios nos da. Debido a que el cuerpo de Cristo es una familia, se debe mantener unido, somos llamados a cuidarnos unos a otros, lo cual incluye compartir nuestros bienes materiales (véase Mateo 6 para leer los comentarios de Jesús al respecto). Este puede ser un buen momento para hablar sobre mantener un niño mediante *Compassion International o World Vision* (refiérase a la Actividad opcional en la página 108).

5 De las veintisiete personas que Pablo menciona en el capítulo 16, por lo menos diez son mujeres: Además de Febe, está Priscila (v. 3), María (v. 6), probablemente Junías (v. 7), Trifena (v. 12), Trifosa (v. 12), Pérsida (v. 12), la madre de Rufo (v. 13), Julia (v. 15) y la hermana de Nereo (v. 15). Al parecer, Pablo tiene un alto concepto de todas ellas. Señala cuatro mujeres, y no hombres, que trabajan mucho: María, Trifena, Trifosa y Pérsida.

6 Tercio, un hombre de quien no sabemos nada, es en realidad quien escribió la carta; Pablo se la dictó.

7 La última enseñanza esencial en Romanos (16:17-19) tiene que ver con la unidad, que es fundamentalmente el tema de todo el libro.

Romanos 15:1-16:27

Una carta a Jesús

_____
(Fecha)

Querido Jesús

Leí Romanos y quiero que sepas lo que aprendí...

Gracias a las cosas que estudiamos y hablamos, esta es la forma
en que voy a poner estos conocimientos en práctica...

Si hay algo que necesito de ti, es...

Te quiere,

_____
(tu nombre)

RESUMEN DE LAS
GRANDES
IDEAS EN ROMANOS

SESIÓN ▼	PASAJE ▼	
Una	1:1-17	Dios obra en nuestras vidas para que le seamos agradables y útiles.
Dos	1:18--3:31	Cada persona es rebelde, pero Dios proveyó la manera de cambiarnos mediante la fe.
Tres	4:1-25	Fe es confiar en que Dios aún obra en mí.
Cuatro	5:1-21	La fe verdadera trae paz con Dios.
Cinco	6:1-23	Como mueres una sola vez, vive ahora por Cristo.
Seis	7:1-25	El pecado es una batalla, pero la guerra se ganó.
Siete	8:1-39	En Cristo, somos más que vencedores.
Ocho	9:1--11:36	No sostenemos la raíz, sino que la raíz nos sostiene
Nueve	12:1-21	Expresamos nuestro amor a Dios amando a otros sacrificialmente
Diez	13:1-14	A los cristianos se les llamó a ser activistas, motivados por amor.
Once	14:1-23	Dios llama al cuerpo de Cristo a la unidad.
Doce	15:1--16:27	El amor es lo que mantiene unido al cuerpo de Cristo.

LAS GRANDES IDEAS EN

ROMANOS

Dios obra en nuestras vidas para que le seamos agradables y útiles (1:1-17).

Cada persona es rebelde, pero Dios da la clave para cambiarnos mediante la fe (1:18--3:31).

Fe es confiar en que Dios obra en mí (4:1-25).

La fe verdadera trae paz con Dios (5:1-21).

Como se muere una sola vez, viva ahora por Cristo (6:1-23).

El pecado es una batalla, pero la guerra fue ganada (7:1-25).

En Cristo, somos más que vencedores (8:1-39).

No sostenemos la raíz, sino que la raíz nos sostiene (9:1--11:36).

Expresamos nuestro amor a Dios amando a otros sacrificialmente (12:1-21).

A los cristianos se les llamó a ser activistas, motivados por amor (13:1-14).

Dios llama al cuerpo de Cristo a la unidad (14:1-23).

El amor es lo que mantiene unido el cuerpo de Cristo (15:1--16:27).

Tarjetas de
VERSÍCULOS BÍBLICOS
para memorizar

Romanos 1:17
En el evangelio se revela la
justicia que proviene de Dios,
la cual es por fe de principio a
fin, tal como está escrito:
«El justo vivirá por la fe.»

Romanos 3:22
Esta justicia de Dios llega,
mediante la fe en Jesucristo,
a todos los que creen.

Romanos 4:5
Al que no trabaja, sino que cree
en el que justifica al malvado,
se le toma en cuenta la fe como
justicia.

Romanos 5:3-5
Y no sólo en esto, sino también
en nuestros sufrimientos, porque
sabemos que el sufrimiento
produce perseverancia; la
perseverancia, entereza de
carácter; la entereza de carácter,
esperanza. Y esta esperanza no
nos defrauda, porque Dios ha
derramado su amor en nuestro
corazón por el Espíritu Santo
que nos ha dado.

Romanos 6:11
De la misma manera, también
ustedes considérense muertos
al pecado, pero vivos para Dios
en Cristo Jesús.

Romanos 7:4
Así mismo, hermanos míos,
ustedes murieron a la ley
mediante el cuerpo crucificado
de Cristo, a fin de pertenecer al
que fue levantado de entre los
muertos. De este modo
daremos fruto para Dios.

Romanos 8:31
¿Qué diremos frente a esto? Si
Dios está de nuestra parte,
¿quién puede estar en contra
nuestra?

Romanos 11:33
¡Qué profundas son las
riquezas de la sabiduría y del
conocimiento de Dios!

Romanos 12:1
Por lo tanto, hermanos,
tomando en cuenta la
misericordia de Dios, les ruego
que cada uno de ustedes, en
adoración espiritual, ofrezca su
cuerpo como sacrificio vivo,
santo y agradable a Dios.

Romanos 13:10
El amor no perjudica al prójimo.
Así que el amor es el
cumplimiento de la ley.

Romanos 14:13
Por tanto, dejemos de juzgarnos
unos a otros. Más bien,
propónganse no poner
tropiezos ni obstáculos al
hermano.

Romanos 15:4
De hecho, todo lo que se escribió
en el pasado se escribió para
enseñarnos, a fin de que,
alentados por las Escrituras,
perseveremos en mantener
nuestra esperanza.

NOTAS

NOTAS

NOTAS

NOTAS

NOTAS

NOTAS

Nos agradaría recibir noticias suyas.
Por favor, envíe sus comentarios sobre este libro
a la dirección que aparece a continuación.
Muchas gracias.

Vida@zondervan.com
www.editorialvida.com